国家大事丛书 | 2015年国家新闻出版改革发展项目库项目

进馆有益
跟我去看博物馆

孟钟捷 林 唯 等编著

Benefits from
Visiting Museums

復旦大學出版社

本书作者结合在上海市各中学推广开展的"进馆有益"（中学生参与社会实践）活动，实地走访了上海市比较有代表性和特色的12家博物馆（包括中共一大会址、上海市历史博物馆、上海自然博物馆、上海鲁迅纪念馆、中国航海博物馆和中华艺术宫等），介绍了这些博物馆的来龙去脉、前世今生，生动地讲述了有代表性的馆藏精品的精彩故事，力求让青少年学生从这些鲜活生动的故事中，更多或者说比较全面地了解他们身处的这个社会的前世今生，拓宽其视野，学会课堂外的学习，学会用课本外的知识、体验和积累来弥补和深化课堂教育内容。

本书亦可作为各学校开展"进馆有益"活动，组织学生参与社会实践，走访参观各博物馆的指导手册。

丛书序 PREFACE

  从动议策划,到第一辑八种即将出版,这套丛书的"孕育期",算来已三年有余。每种六万字左右,首辑也就五十来万字吧,却用了约四个"十月怀胎"期,这在时下快约、快编、快发的"三快"出版"新模式"中,算得上是个"因循守旧"的特例了。然而这不正说明复旦大学出版社对于这套以青少年学生为主要对象的大众读物用心用力之深吗?

  长达三四万字的策划书、拟目及纲要,多达六七个轮次的专家与师生的论证,反反复复的大纲修订与初目确定,直到关键的、以"专家写小书"为标准的著作者选定,大约用了两年时间;这样算来,各位专家为一种小书的撰写,都用了一年有余,应相当于他们当初撰写攸关个人前程的博士论文所花费的时间了。作为丛书的提议者,我不能不对他们放下手边的科研项目,以如此认真的态度来从事这样一项算不上"学术成果"的工作,肃然起敬。为什么这样一个看来有点"老土"的选题,能被一

家以"学术出版"为首务,蜚声海内外的大学社一眼相中,并集聚起众多的知名学者与出版人合作共襄?这就不能不回顾一下有关的策划初衷;虽然近四十个月过去了,目前的情况与当初相比,已经有所变化,但是基本面还是相同的。

当时的动因是报端与网上的两类有点极端的"热点"问题。

一是屡见不鲜的青少年学生因升学考试失利而轻生的报道与讨论;今年高考放榜后,网上又盛传一段视频:两位学子又因此而坠楼。为什么我们的孩子们会如此地脆弱?

二是日本强行进行所谓的钓鱼岛"国有化"后国内"愤青"的行动,网上对此议论纷纷,而偏偏当时尚无一种深入阐析事件、给青年们爱国热情以正确引导的出版物;反观日本,却将所谓"尖阁诸岛"(即钓鱼岛)问题列入中学教育有关课程。现在不仅"东海""南海"问题继续发酵,而且周边事态愈加复杂,"朝核"问题、"萨德"问题、"南海仲裁案"问题等等,层出不穷,甚至由外而内,"台独"正变本加厉,"港独"又粉墨登场,而"愤青"行动也随之高涨。可叹的是有关的图书虽已有了数种,但还远远谈不上系统化与规模化。

诚然,青年人中上述两种动向不可相提并论。"愤青"行动固然有待于理性化,但这是"五四"以来,不,应当说是从汉末"清议"以来,中国青年学子以参与"国是"为己任的传统之继续,是当今越来越多的青年人强烈关注"中国崛起"的群体意识之表现;而文战不利即轻生,也是一种极端表现,是伴随数十年以来的"小皇帝"一代而引发的当代中国最可忧的社会现象。然而"小皇帝"的过于脆弱,与"愤青"时不时因过于激愤而不免"出格",这过"阴"过"阳"之间,却有着某种认识论上的同一性。当代认识论揭示:人约在七八岁时,由孩提时期所累积的片断印象,会形成观察外部世界的最初的"认识图式",在以后的"活动"中,又不断地接受外部的交互影响着的新信息,而使认识图式处于不间断的活动建构之中。人的行为方式,就取决于这种认识图式。因此知见的深浅,也就是视域的大小与对视域中各种事物相互关系的理解,对个人的行为方式是有决定性意义的;所以超越一己一事所限而关注大事,超越一时一事所限而洞悉事件的来龙去脉、此事件与彼事件的相互关系,便成为个人行为是否恰当的前提,也应当是现在所热议的素质教育的首务。

"小皇帝"们的脆弱,根源就在于视域为一己一事所限。今天的青少年们,在知识结构、个性意识乃至由此而来的创造活力上都使我们这一辈人惊羡而自叹勿如,然而如就"抗打击力",亦即"韧性"而言,"小皇帝"们却差了许多。就拿高考来说吧,且不论群体性地被剥夺了进入高校权利的"史无前例"时期,20世纪60至80年代有高考的年份,录取率也仅仅百分之三十左右,但那时几乎未闻有落榜而轻生者。尤其是六七十年代之交,当初幸而登龙门者,至那时毕业,90%以上又都上了山、下了乡,那种由极度的希望跌入极度的失望之痛苦,甚至比不曾希望过者更惨烈十倍。然而当时,连同中学生在内的上山下乡的这一群却"熬"了十年,"挺"了过来,并从中产生了担当起"改革

开放"重任的第一批青年生力军。回想这种"韧性"的由来,我们不能不感谢两类前辈:一是我们的父母,他们的"不管不问",使子女的天性有了较自由的发展空间;二是当时的作家、翻译家、出版家们,他们为青年人提供了各种中外名著与各类知识读物。各种有关"上山下乡"的影视剧,有一个共同的情节,令我们这些过来人倍感亲切,这就是各知青点的"头儿""大哥",都有一箱子不离不弃的书,而为知青们抢着阅读。逆境,使阅读与社会观察、思考融合互动,于是"上山下乡"的这一群,说得最多的一句格言便是"严冬即将过去,春天必将到来"。这种信念不仅是个人的,更是由深入社会的阅读中产生的对国家命运乃至人类历史的感悟。

孔夫子说"士不可以不弘毅",毅即毅力、韧性;弘则指由开远的见识而来的志向,也是"毅"力的前提。引证这句格言,并不是说"上山下乡"的这一群人都达到了这种境界,毋庸讳言,曾经在改革开放伊始作出贡献的青年人中后来也不乏在"大浪淘沙"中沉沦为沙粒者。引证这句格言的用意只是想说明,超越一己目见身遇的更宽广的视域,在每一个人的人生历程中的重要性。奋起而终于沉沦者虽只是一小部分,但也反映了这一代人也有其时代性的弱点,如长期的物质生活的贫乏、传统教育或"左"或"右"的影响、传统价值观念在"个性"与"家国"关系观念上的偏差等等。这些使这一群中不少人迈过了"一时"之"己"这道坎,却过不了之后的一道又一道坎。今天的青年人有着远较过去优越的个性意识、知识结构与外部环境,因此有可能在更广更高的层次上,去完成"弘毅"品格的自我塑造。这就又要回过头来说说所谓"愤青"现象了。

对于"愤青",不必过多地求全责备。"愤"是血性的表现,几十年来,中国人的血性不是多了,而是少了。"愤青"现象在目前已超越"小皇帝"现象而成为社会的热点话题,说明超越一己得失而关注重大事件的青年人越来越多,这毋宁说是我们这个古老民族的一种希望。"愤青"之所以被有的长者视为"问题",只是由于"愤青"们往往为一时一事所限,而尚欠缺对于事件的多维度的综合观察与思考;因此,进一步开拓视域以增强观察思考能力,从而将一时的"义愤"提升至"弘毅"的精神境界,也是"愤青"乃至所有青少年之必需。

以上就是这套丛书策划的动因。

"大事"有种种,为什么丛书非要取名为"国家大事"呢?在放论"全球化",又崇尚个性的今天,这名目是否又有了些"老生常谈"的意味呢?这也是需要探讨的问题。

国家意识真的与全球意识格格不入吗?只要看看鼓吹世界主义最力的美国就不难明白。美国所称的"全球战略",其核心就是维护其国家的核心利益与全球霸主的地位,这一点连他们的政客也直言不讳。离开国家意识的"全球意识",在我看来只是个"伪命题"。抛开"闭关自锁"的落后观念,从周边看中国,从世界看中国,养成新的"国家大事"观,是这套丛书的主旨之一。

国家意识与个性意识真的水火不容吗?"马云"现象很能说明问题。创业时的马云无疑是位最有个性,最富于

创造力的"天才"青年，然而马云及其阿里巴巴的成功首先是因为在自己的祖国。在国内互联网刚刚起步的时候，马云就慧眼独具地看出，在这片被认为是贫困落后的土地上，却蕴藏着发展互联网商务的最深厚的"洪荒之力"。阿里巴巴现在走向世界了，然而"马云"现象最使我感动的还不是这一点，而是他们激活了全国穷乡僻壤成千上万的家庭或个人加入了他的网络。自1968年起，我有十多年时间生活工作于多个这类贫困地区，深知当地人贫困却又淳朴到何等地步，也因此，现在网上购物时，我点击的手指就经常会不由自主地滑向这类电子商户，而同时总会掠过一个念头：马云们真的开创了远较政府资助有效十倍的不世功绩。马云的故事与众所周知、日益庞大的"海归"现象，启发了我们这套丛书的又一宗旨：如何从国家的发展态势与战略目标中，寻找到个性发展的确切定位。

由上述的出发点与宗旨，丛书采取了一种新的表述形式，它是时政性的，又是历史文化性的。它由一个个当代青年应当关注的热点时政话题切入，并扩展开来，追溯其历史文化渊源以及这种渊源在当今世界格局中的嬗变，从而使时政话题变得更丰厚，使历史文化变得更生动。希望以上设计，能成为当代中国青少年"弘毅"品格培育的一点助力。

赵昌平

前言 FOREWORD

人类对"博物"的爱好与实践久已有之,但现代意义上的"博物馆"却产生于260多年前的英国。那时的"大英博物馆"凭借来自世界各地的奇珍异宝,首次向公众打开了启蒙教育的大门。自此之后,博物馆便与"公众"和"教育"这两个关键词密切联系起来。"公众"是它的服务对象,"教育"是它的主要职责。

也正是在这两点上,博物馆与中小学历史教育找到了最佳的结合之处。中小学历史教育是国家义务教育系统中的重要组成部分。它面向未来的国家公民,承担着培养基本历史认知、塑造健康历史意识的伟大使命。然而,无论是历史教科书的容量,还是历史课程的授课时间,都是有限的,并不足以圆满完成提高教学效果及学以致用的目标。由此,如博物馆这样的社会教育机构,便有可能成为补充课堂教学的有效途径之一。

遗憾的是,即便在当前素质教育的口号响彻全国的背景下,真正把博物馆与中小学历史教育相结

合的尝试并不多。学生访问身边博物馆的时间与机会受到各种因素的挤压，如课业压力大、空余时间缺失、教师该方面意识不足、博物馆信息模糊等。不过，倘若与之相关的各机构能够携起手来，"如何在中小学历史教育中用好博物馆"这样的问题，应该可以得到有效解决。

事实上，在世界范围内，关于博物馆与中小学历史教育的有机配合问题，已经出现过不少成功的案例。2014年，欧盟委托国际历史教育学会主席、德国奥格斯堡大学人文历史系的苏珊·波普（Susan Popp）教授承接一个名为"欧洲视角——用博物馆来展现欧洲"（EuroVision-Museums Exhibiting Europe）的跨国项目。该项目旨在寻求于课堂教学之外塑造中小学生"欧洲身份"意识之路。研究者首先通过历史课程标准及教科书的跨国比较研究来寻找欧盟各国历史叙述中的共识，其次探索中小学历史知识与博物馆展品之间的联系性，进而用转换视角的方式把民族文化结晶融于欧洲文化财富的总体框架内，最终达到用特定博物馆展品来表达集民族意识与欧盟意识为一体的历史叙事的目的，并将之与课程标准上的内容互相参照。在这一研究过程中，大学教授、中学教师、博物馆教育专家、出版社编辑、媒体记者等相互支持，共同研讨，结成了极具行动力与创新意识的研究共同体。

当然，中国历史教育界也有能力和意愿朝着这样的方向前进。这本小书便是初步成果之一。作为中国经济最发达的地区、全球金融中心之一，上海同样是全国文化强城，它拥有各种类型的教育机构，其中包括超过100家的博物馆和数千所中小学校。此外，这里还聚集着一群希望把博物馆和中小学历史教育结合起来的行动者。他们同样来自高校、中小学和出版社。复旦大学出版社的编辑邬红伟、马晓俊率先提出了编写一本主要给中学生看的有关博物馆的书。闵行中学的历史特级教师林唯与华东师范大学历史教育比较研究中心副主任孟钟捷教授敲定了以上海为中心的写作方案。来自闵行地区各中学的历史教师范江、乔晓岚、杨辉、严红敏、孙曜、宋玮、李敬利用寒假时间，走访了12家沪上知名博物馆，从"前世今生""馆藏精品""知识链接""大家论史""参观贴士"五个方面言简意赅地为中小学生课外接触历史、理解中国提供指南。特别值得一提的是，书的扉页后是由闵行中学美术教师朱颖和学生徐艺菲、丁敬丹所做的12幅彩色手绘图，这些图将参观博物馆的相关交通、开放时间等信息，生动直观地呈现给读者。

林唯老师带领闵行区德育实践研究基地的学员们以博物馆资源为载体，开展与生涯教育相关的博物馆学习活动，探索生涯教育与学科融合的实施途径。我们希望，这本小书作为基地项目"利用博物馆资源促进高中生涯教育与学科融合"的成果之一，能够为更多的沪上师生所用，也期待其他省市的博物馆能通过这样的方式进入学校，成为课堂历史教育的有机组成部分。

本书编写者
2018年5月12日

目录 CONTENTS

◎ 不忘初心，光照中国
　　——中共一大会址纪念馆 / 杨　辉 1

◎ 大道本草，国医岐黄
　　——上海中医药博物馆 / 范　江 10

◎ 大千气象，方寸之美
　　——上海邮政博物馆 / 宋　玮 19

◎ 东方之冠，珍品荟萃
　　——中华艺术宫 / 孙　曜 29

◎ 对话大师，于无声处听雷
　　——上海鲁迅纪念馆 / 李　敬 39

◎ 风帆扬起时，与世界对话
　　——中国航海博物馆 / 乔晓岚 49

◎ 际会金融风云，典藏流金岁月
　　——上海市银行博物馆 / 范　江 57

◎ 精彩世博，永恒瞬间
　　——上海世博会博物馆 / 孙　曜 66

◎ 穹顶之下的文物宝库
　　——上海博物馆 / 严红敏 74

◎ "屋里厢"的城市记忆
　　——上海弄堂博物馆 / 严红敏 82

◎ 佑护城市文脉，再现海上传奇
　　——上海市历史博物馆 / 乔晓岚 91

◎ 自然·人·和谐
　　——上海自然博物馆 / 杨　辉 99

参考文献 / 107

不忘初心，光照中国
——中共一大会址纪念馆

1921年7月23日至31日，在上海法租界贝勒路树德里3号（后称望志路106号，现为兴业路76号）的石库门建筑内，13个怀抱医治晚清以来沉疴、构建未来新型国家梦想的中国人集结于此。他们绝大多数是二十出头的年轻人，最年长的45岁，最年轻的仅19岁。也就在这间不到12平米的客厅内，这些满怀热忱的中国人讨论建立一个全新的政党——中国共产党，在中国复兴道路上绘下了开天辟地的重要一笔。

这里就是中国共产党第一次全国代表大会会址所在地，简称"中共一大会址"。它在1952年成为纪念馆，1959年公布为上海市文物保护单位。1961年它被国务院列为第一批全国重点文物保护单位，1997年成为全国爱国主义教育示范基地，2016年入选"首批中国20世纪建筑遗产"名录。

 前世今生

一大会址纪念馆是一幢沿街砖木结构的旧式石库门住宅建筑，坐北朝南。一层是观众服务设施，设有门厅、多功能学术报告厅和贵宾厅;二层为"中国共产党创建历史文物陈列"展览厅,由"中共'一大'会议室旧址陈列"和"中国共产党创建历史文物陈列"两部分组成。

1921年7月,中共一大在这里召开。由于这次会议是在艰难环境下召开的,而后中国又长期处于战争年代,因此,后来对中共一大会址的寻找、确认工作直到新中国成立之后才进行。

1950年初秋,中央指示中共上海市委,为迎接中国共产党建党30周年,必须找到当年召开中共一大的地方,并建立纪念馆。时任上海市文化局社会文化事业管理处处长的沈之瑜接受了这项重要任务。

中共一大会址纪念馆

大上海几经变迁,30年间物是人非,如何寻觅当年的中共一大会址呢?起初,寻访人员以萧三所著的《毛泽东同志的青少年时代》一书为依据,认为中共一大召开的地点是在上海法租界蒲柏路(今太仓路)的博爱女子学校。

一番搜寻下来，人们发现竟没有这一名称的学校。原来，萧三误将"博文女校"写成"博爱女校"，这才出现了一个大"乌龙"。在搞清楚准确的名称后，上海市委宣传部派人将"博文女校"的房屋外形拍了一组照片送中共中央宣传部，拟呈报毛泽东、董必武等当时参加中共一大会议的成员审定。但中宣部领导明确告知，"博文女校"并非中共一大会址，而是一部分代表寄宿之所。

就在寻访工作陷入困境之时，沈之瑜从上海市公安局局长杨帆处得到一条重要线索：上海市公安局有一位叫周之友的副科长，此人正是中共一大代表周佛海之子。周之友在抗战胜利后就加入了中国共产党，在上海从事策反工作。新中国成立后，他被调入上海市公安局工作。

周之友告知寻访人员，其母亲杨淑慧在中共一大召开期间，正与刚从日本东京回国参加会议的周佛海热恋，周佛海曾带杨淑慧去过"李公馆"；另外，周佛海曾写过一本《往矣集》，书中谈及参加中共一大的情景。

抗战胜利后，周佛海因汉奸罪身败名裂，其著作也被查禁。沈之瑜拿了中共上海市委宣传部的介绍信，费了好长时间才在一堆封存的书中找到了《往矣集》。书中提及，中共一大期间上海以外代表住的地方是在"贝勒路附近的博文女校"，开会的地方是在"贝勒路李汉俊家"。沈之瑜赶忙请教了上海地名学者，得知贝勒路已更名为黄陂南路。这样一来，寻找中共一大会址的工作有了更加明确的方向。

与此同时，寻访人员也找到杨淑慧，请她协助寻找"李公馆"。之后几天，杨淑慧独自一人前往黄陂南路（原称贝勒路），继续寻找。一天，当她来到黄陂南路与一条马路的交叉口，看到一处白墙上刷着个巨大的"酱"字以及砌着"恒昌福面坊"招牌的房子，很像当年的李公馆。她问过路人，得知这条路叫兴业路，可她当年从未听说过有这条路。于是她到路口附近询问了一些年纪大的人，得知兴业路原来叫望志路。经过反复查看，她感觉有一定把握了，便迅速将这个好消息告诉沈之瑜。

通过多方努力，沈之瑜等寻访人员找到了房东陈老太，了解到这排房子兴建于1920年夏秋之间，沿马路共有五幢，即望志路自东向西门牌号分别为100、102、104、106、108号（今兴业路70、72、74、76、78号）。望志路106、108号这两幢房子租给了李汉俊的哥哥李书城作住宅，人称李公馆。为了走动方便，李书城请人把隔墙打通了。李汉俊从日本回来后就住在这里。

李书城搬走后，1924年董正昌把这5幢房子全部租下来，并把100、102、104号改为三楼三底，把106、108号改成二楼二底，将清水墙改为混水墙，把106号天井改成厢房，仅留108号大门。董把这些房屋租给他的亲戚居住。后来，他的亲戚在106号开起了当铺，后又改开"恒昌福面坊"。

1951年6月，上海方面确认"兴业路76号系当时的会址，此处当时是望志路106号，后门由贝勒路（黄陂南路）树德里出入"。至此，中共第一次全国代表大会召开的地址，终被寻获并得以证实。1956年2月，经董必武踏勘后，中共一大会址的具体位置确定为兴业路76、78号的楼下，相关室内布置于1958年按旧貌复原。

馆藏精品

在中共一大会址纪念馆展厅里,陈列着一架黑色的打字机,牌子是"CORO-NA"。这台打字机的迷你机身固定在黑色皮纸包裹的木盒内,闭合状态下,如同一只微型手提箱,箱体长28.5厘米,宽25厘米,高12厘米,打开箱盖就能立即进入工作模式。你知道吗?这台打字机曾被中国共产党主要创始人之一李大钊使用过,现为国家一级文物。

打字机的原主人是孙中山的秘书吴弱男,由她从英国购买,至今已有百余年了。吴弱男(1886–1973),安徽省庐江县南乡沙湖山人,"清末四公子"之一吴保初的爱女,著名爱国人士章士钊的夫人,中国国民党第一位女党员。1905年,孙中山组织领导的中国同盟会创办机关刊物《民报》,吴弱男在《民报》社担任孙中山秘书。

李大钊使用过的英文打字机

她用这台打字机为孙中山打印了不少英文函件。

李大钊同志在日本读书期间,经常向章士钊创办的《甲寅》杂志投稿,两人几乎每个月都会见面。在长期的交往过程中,李大钊与章士钊、吴弱男夫妇结下了深厚的友谊。回国后,在章士钊的推荐下,李大钊担任北京大学图书馆主任。就在这一时期,李大钊作为中国早期共产主义者,学习并传播马克思主义,酝酿并成立中国共产党的早期组

织,成为中国共产党的主要创始人之一。

尽管李大钊与章士钊在政治思想等方面持论不同,但并未因此而影响两家人的真挚友谊。李大钊一直是章家三个孩子的家庭教师,他的大女儿李星华则是吴弱男的义女,李大钊的家人也经常到吴弱男的家里做客,两家人宛如一家。

1925年,为了便于开展革命工作,李大钊向吴弱男借用这台打字机长达一个月之久。利用这台打字机,李大钊亲自打印了不少党的秘密文件,并与共产国际和苏联驻华代表进行了密切联系。

1927年,李大钊被捕,吴弱男夫妇四处奔走,竭力营救,但李大钊还是于4月28日被杀害。李大钊的牺牲,让吴弱男悲痛万分。为了怀念李大钊,吴弱男一直精心保存着这台李大钊借用过的打字机。1964年7月,吴弱男把这台打字机捐献给了中共一大会址纪念馆。1995年11月,它被国家文物局全国一级革命文物鉴定专家组鉴定为国家一级文物,具有重要的历史意义。

如今,这台打字机就静静地陈列在中共一大会址纪念馆展厅的恒温恒湿柜里。每当我们看到这台依然闪耀着金属光泽的打字机时,仿佛还能听到李大钊同志当年正在敲击键盘的"哒哒哒"的打字声。

 知识链接

上海是近代中国工商业发达的大都市,因而也是工业企业最多、工人阶级最集中的地方。雄厚的工人阶级队伍无疑为中共建党提供了阶级基础。上海经济、文化发达，自清末以来就是新知识和新思想的传播中心。上海是新文化运动的发源地。五四运动的中心在后期也从北京转移到上海，上海成为马克思主义在中国传播的重要地区。

中国共产党的早期组织最早在上海建立，后来这里成为在全国范围内建党的发起点和联络中心。陈独秀等中共创始人都曾在上海生活、工作过。上海地处长江黄金水道的入海口，是中国东部海上交通的枢纽，又有沪宁、沪杭铁路与江浙等省的城乡相连，水陆辐辏，交通便捷。这为召开秘密的成立大会提供了方便和掩护。选择上海作为中国共产党的成立地点，有利于全国各地共产党组织之间的联系。

此外，上海是一座移民城市，又存在特殊的租界地区，各方交汇，华洋杂处。开埠以后，英、美、法等国在上海辟设租界，致使上海的地方行政长期处于"三家二方"的分割状态。由此上海客观上出现了许多政治活动的缝隙地带，人们在华界从事政治活动，若遭到政府镇压，可以逃到租界；若在法租界出事，可以避到公共租界。这种进可活动、退可避祸的特殊格局，为人们从事政治活动提供了优越的场所条件。实际上，自清末起，上海就是各种党派政团从事政治活动的中心或重要基地。同样，中国共产党选择上海作为召开"一大"的地点，也充分考虑和利用了上海的城市特点。

大家论史

> 现在大家在研究党的历史,这个研究是必须的。如果不把党的历史搞清楚,不把党在历史上所走的路弄清楚,便不能把事情办得更好。
>
> ——毛泽东

> 这个历史告诉我们,中国走资本主义道路不行,中国除了走社会主义道路没有别的道路可走。一旦中国抛弃社会主义,就要回到半殖民地半封建社会,不要说实现"小康",就连温饱也没有保证。所以了解自己的历史很重要。青年人不了解这些历史,我们要用历史教育青年,教育人民。
>
> ——邓小平

参观贴士

参观一大会址时,试着找到右图中的这顶笠帽,然后记住它的故事并讲给同学们听吧。

十九路军士兵的笠帽

中共一大会址纪念馆官方网址:http://www.zgyd1921.com

行走日记

（撰稿：杨 辉）

大道本草,国医岐黄
——上海中医药博物馆

你看过诸如《仙剑奇侠传》《古剑奇谭》这样的仙侠剧吗?你可知道剧中人物景天、雪见、龙葵、屠苏、芙蕖的草药版长什么样子?这里给大家推荐一家好玩又专业的博物馆——上海中医药博物馆。

博物馆位于上海中医药大学东南角,主体建筑是一栋三层大楼。白色的墙面,辅以大面积的玻璃外墙,赋予了它浓浓的现代气息;独特的造型,将方形和圆形融为一体,体现了中国"天圆地方"的传统观念。它不仅在全国同类博物馆中建立最早,而且医学文物收藏最多,20世纪二三十年代全国医药期刊收藏量最大,为国内同类博物馆之翘楚。

前世今生

上海中医药博物馆的前身是中华医学会医史博物馆,于1938年7月由王吉民先生在公共租界池浜路41号(今慈溪路7号)创立。此后直到1966年,王吉民先生担任馆长近30年,可谓博物馆的灵魂人物。

上海中医药博物馆

　　王先生早年就读于香港西医大学堂,与孙中山先生是校友,毕业后以西医为业。那么他为何会对中医历史感兴趣呢?又为何会创办该博物馆呢?这还得追溯到1916年。当时,美国人嘉立森写了一本医学史,中医在其中仅占一页,而且错误甚多,王吉民甚为不满。于是他托友人伍连德去信询问,嘉立森回信说中医的英文资料太过缺乏,无奈之

下只能如此处理，就是那一页内容也大半来自别人。王吉民深受刺激，于是与伍连德合作，历时16年，撰写了英文版《中国医史》。此书为中国医史研究的开山之作，影响深远。王先生深感"吾国医学虽具悠久之历史"，但以往很少有人对其进行研究，"致使丰富之史料乏人整理"，呼吁进行医史研究，并开始关注医史文物。

1937年，在中华医学会代表大会上，王吉民先生倡议建立中国医史博物馆。他期待医史博物馆能收集历代医史文物，"妥善保存，以免散失"，并使"国粹不致外流"；所藏文物"供学者研究,藉以考察医学之变迁,治疗之演进"；"对学生为有效之教授方法，对民众可作宣传医药常识之利器"。王先生的倡议得到中华医学会和有关人士的支持，会议期间举办了"医史文献展览会"。展览会引起了参观者极大的兴趣，得到沪上各大报刊的好评。此次展览会后，王先生大受鼓舞，遂于次年与同仁创立了医史博物馆。当时正值抗战时期，国难当头、时局动荡，创立、维持这样一个博物馆何等艰难！博物馆草创之初，展馆借用中华医学会图书馆，展品仅有400余件，其中不少还属借用。王吉民先生与关注中国医史的友人们艰苦努力，终使其逐渐成长起来。

新中国建立后，医史博物馆几经变迁。1951年中华医学会迁往北京，医史博物馆遂由中华医学会上海分会主管。五年后，迁至北京东路国华大楼。1959年，博物馆被划归上海中医学院，于是更名为上海中医学院医史博物馆，并迁往零陵路校区之内。"文革"爆发后，博物馆被迫关闭，王吉民也离开了馆长岗位。直到1975年,医史博物馆才又重新开放。

上海中医药大学(前身即上海中医学院)搬迁至张江后,博物馆迎来了新的发展机遇。它拥有了一栋独立的大楼,展出面积拓展到4000多平方米,展品3000余件。其旁还建立了"百草园·杏林苑",面积达16亩。2004年,新馆开放,引起社会各界的广泛关注。现在每年开放300余天,参观人数近3万人。王吉民先生当年的期望终于在新时代得以实现。

 馆藏精品

针灸铜人为青铜铸造,身高46厘米,宽22.8厘米,厚16厘米,重大约3.75千克。它是一位老妇形象,双耳硕大,

针灸铜人

耳垂饱满。额上有三道深深的皱纹，鼻子高耸，嘴角上扬，双目成弯月状，表情充满笑意，给人以柔和、亲切之感。老妇右手手心向前，左手手心向后，肚脐内陷，腹部隆起，四肢瘦削细长。针灸铜人的体表有经络与穴位，全身共有穴位580个。铜人后面有一个锦盒，是原来存放它的地方。锦盒为蝴蝶装，左右展开，上面的文字详细讲述了该铜人的来历。文字稍显模糊，但若仔细端详，还能识别。

这尊铜人如何来到博物馆？其中还有一段曲折的故事。这段故事涉及两个人物：一位是王吉民先生，另一位是沪上名医丁济民先生。1944年丁先生和王先生谈起中国医学历史的文物问题，王先生便说起数年之前，北平（今北京）某古董铺有一铜人，据说是某旗人传家之宝，可惜当时没有钱把它买下来，放到医史博物馆中，深感遗憾。丁济民当即表示，只要能找到此铜人，他愿意筹措钱款将之购入。王吉民先生便写信托朋友再去寻访此物，非常幸运，铜人还在，但因物主离开和售价问题，几经周折才得以成功买下。

此后，如何将铜人带到上海居然成了一大问题。当时中国社会并不安定，大家想一想1944年中国正处于什么时期？抗战时期！丁济民先生当年感叹道："在此战乱时期，交通意外困难，这一躯并不高大的铜人，在承平时期，由平运沪，真是轻而易举之事。而在今日，觉得比搬一座山还难。"1945年一位友人因事来沪，王吉民先生遂托其将铜人带到上海。从北平到上海途中，一路过关涉卡，多次遇险，意外花费的费用几乎要超过铜人的原价，而这些费用都由丁济民先生承担。几经周折，针灸铜人终于入"住"博物馆，得到了最好的归宿。丁济民和王吉民两位先贤为此不懈努力，体现的精神令人敬佩。

这尊铜人何以诞生？在"遇见"王吉民先生之前又有怎样的经历？谜底就在放置铜人的锦盒之内。乾隆初年，清政府命太医院编纂一部大型医学丛书——《医宗金鉴》。医书修成后，亲王弘昼上折向皇帝请示该如何奖励参与此事的官吏。1744年，乾隆帝下令每人晋升一级，并赐铜人和所修《医宗金鉴》一部。弘昼的奏折和皇帝的谕旨都写在锦盒内壁之上。

当时参与修书的人甚多，其中有一位名叫福海的誊录官，也获得了相应的奖励。大概能获得皇帝御赐之物是莫大的荣耀，福海及其后人一直珍藏着针灸铜人。随着时间的流逝，锦盒外壁逐渐受潮霉变，被虫蛀蚀。福海的九世孙振声遂在1906年按照原来的样式装潢修缮，希望其能够被完好保存，流传后世。事毕后，他撰文叙述此事，并将此文做成书册放于锦盒之内。

世事变迁，或许是振声，更有可能是他的后人最终决定卖出传家之宝，于是铜人走进了古董店。因奇妙的机缘，王吉民先生与其"偶遇"，它所曾承载的荣耀和医学价值早已随历史的发展而消逝，而其史料价值因王先生特殊的身份而彰显，因而才有了上文中几经风波、铜人最终走进博物馆的故事。它也幸运地成为了乾隆针灸铜人中唯一流传至今的一尊。

 知识链接

中国古人为什么要铸造针灸铜人？这可不是为了消遣，而是为了便于从医者学习针灸之术。针灸是中国传统医学的瑰宝，学习此项技艺需要熟知人体穴位。以前人们根据绘于丝绸或纸张上的图画来认识穴位，但因丝绸及纸张容易破损，且所画穴位的位置多有偏差，名称也不统一。为解决这些问题，古人发明了针灸铜人。宋仁宗天圣四年（公元1026年），王惟一受命铸造针灸铜人，开启了中国针灸铜人制作的历史。铜人体表标出穴位位置和名称，内部中空，打开可见内脏器官。学医者通过铜人认识穴位，比看图更真切、更准确。铜人的更大价值在于建立了针灸经穴的国家标准，标志中国针灸学的成熟。针灸铜人还可用于考试，向铜人体内注入水银或水，表面涂上蜡，应试者下针后有液体流出则说明中穴。1000年前的古人竟能设计、制造出如此精巧的铜人，实在令人赞叹！

北宋铜人共有两尊，一尊置于汴梁相国寺，另一座置于医官院。北宋灭亡后，一尊铜人为金人所得，金亡后又被蒙古所得，另一尊不知所终。因学习者反复摩挲，北宋铜人表面字迹逐渐模糊，需不断修铸。元世祖至元二年（1265年）铜人被重修过一次，明代明英宗正统八年（1443年）重铸过一次。据说重铸的铜人比以往更加精致。清朝时期，明代铜人流落到药王庙，失去了教学功能，令人遗憾。1900年八国联军入侵，铜人为俄国所得，现存于圣彼得堡国立艾尔米塔什博物馆。针灸铜人的兴衰正是中国国运变迁的写照。

 大家论史

> 铜人从医官院中走入药王庙,已是它们的不幸。由药王庙走入博物馆,这是它们最后的归宿。在科学进步上而言,我们固然不用惆怅,但从历史上而言,我们不愿它们由博物馆而走入兵工厂。……所以我希望铜人的始末是如此:
> 始于医官院,终于博物馆。
>
> ——丁济民:《铜人始末》

参观贴士

博物馆中有以下两个藏品,请参观后回答:它们的名称是什么?有什么功能?工作原理又是什么?

上海中医药博物馆官方网站：http://www.shutcm.com/shutcm/bowuguan/

行走日记

（撰稿：范 江）

大千气象,方寸之美
——上海邮政博物馆

夜雨初歇的清晨,苏州河畔弥漫的是晨曦中的宁静,印象中的外滩是奢华的,是名贵的,位于四川路桥北堍的上海邮政大楼更是格外的高远宁静,但"卓娅"——一位素昧平生的美国友人的故事却让我深刻地感受到了"邮博"的温暖,"邮博"的朴素。一种好的文化必定包含着一种生命的态度,必定会以一种笃定的方式向你呈现出与众不同的价值观,而这一切待你和我走访完上海邮政博物馆后相信一定会有所悟!

上海邮政博物馆设立于上海四川路桥北堍、竣工于1924年的全国重点文物保护单位——上海邮政大楼内。作为上海市政府科普实事工程之一,修缮一新的博物馆展区主要由原邮政大楼一楼天井和靠天潼路一侧二楼的原办公用房改建而成,展出面积达8000余平方米,由一楼中庭、二楼营业大厅、展厅及屋顶花园构成。走近博物馆大门,首先映入眼帘的是江泽民于2004年10月所题写的馆名"上海邮政博物馆"。入内可直接登梯进入二楼的营业大厅,放眼望去,大气雍容的大理石柜台、精致的古铜色栅栏、宫廷

上海邮政博物馆

式的吊顶等都再现了当年"远东第一厅"的风采,端庄中蕴含着优雅。小踱几步即可在营业厅的尽头找到展馆入口,二楼的展馆巧妙地运用了声光电、幻影成像等现代科技手段,通过起源与发展、网络与科技、业务与文化、邮票与集邮四个主题展区向访客展示大量翔实的文字图片资料、实物模型和历史文物。这里讲述的不仅是上海邮政的百年历史,更折射出中国邮政丰富的历史积淀和深厚的文化底蕴。

上海邮政博物馆一楼中庭

 前世今生

什么?这是上海第100家博物馆?它的过去和现在是怎样的一幅景象?走!我们一起去看看……

在洋气而又夹杂着魔性的北外滩地区,这座由著名的英商洋行设计,本埠知名的余洪记营造厂建造的邮政大楼让我们着实感受到北外滩建筑的恢宏。无论是那浑厚凝重的古罗马巨柱式建筑,还是设计新奇的意大利巴洛克钟式建筑,让我们在伫立凝望后的一刹那似觉察到了原汁原味的古典风格,领略到传统与现代的融合。尤其是转角处钟楼两旁的两组雕像——饰有"手持火车头、船锚和通信电缆"的人物雕像似诉说着交通通信事业的发展,而饰有古

上海邮政博物馆钟楼雕像

希腊神话中的上帝信使赫尔墨斯和爱神丘比特的雕像,则向世人传递着邮政事业是连接人类感情之纽带的理念。竣工后不久,上海邮务管理局便迁入此办公,这里一直是上海邮政的中心,所以2006年1月1日,修缮一新的上海邮政博物馆在此正式开馆也是顺理成章之事。

当然作为一座上海市邮政行业的博物馆,要想更好地诠释近百年来上海邮政的发展,自然离不开丰富的历史文物资源,去哪寻找呢?在前期筹备阶段,博物馆的工作人员不敢懈怠,他们奔赴中国第一历史档案馆、第二历史档案馆、国家邮政局档案馆以及市相关档案部门,充分利用档案馆的馆藏资源,查阅了上千卷历史档案,广泛开展文物考证和复制工作,以寻找可供作为展品的文献资料和实物。此外还广泛听取文博系统专家、邮政专家的意见,以优化展馆的陈列方案,让上海邮政发展的历史文脉更加清晰可见。你瞧!有这么丰富的历史文物资源和严谨的考证意识,是不是让你对此次的博物馆之旅更加期待呢?

馆藏精品

逛了那么久,印象最深的是什么?要我说啊,当然是中国邮政的历史积淀以及那些令人尊敬的邮政人背后的故事……

跨入主厅,漫步于典雅古朴的古代通信与邮驿展区,沿着展示的上海邮局职工詹敏创作的12幅周代至清代传邮方式的连环画细细品味,这自南向北百米之内栩栩如生的画面勾勒的岂止是中国古代邮驿制度的变迁,而是古代邮政文化的传承弘扬,更是当代邮政人员情系邮政的真情流露。

而这种邮政情缘的流露更是引出了一段维系百年的跨国情谊。在近现代展区的一处转角,偶然从展柜中瞥见一张张泛黄的老照片,走近凝视了下标题,忍不住打听起这珍贵照片背后的故事。

原来照片上的主人公是20世纪30年代随在上海邮政工作的父亲来沪、在上海邮政大楼四楼度过一段童年生活的美国友人卓娅。她在得知筹建上海邮政博物馆的消息后,特将她收藏多年的部分老照片、邮票等捐给了博物馆。尽管她早已移居美国,但对上海邮政仍怀着恋恋不舍的特殊感情。据说2006年4月,年近八旬的卓娅还应邀在家人的陪同下故地重游,回到了这个阔别已久的"故乡",在沪短暂停留。她曾三次来到邮政大楼,由衷感叹邮政大楼保护之完好,老人还如愿以偿地与阔别60多年的儿时伙伴团聚,

卓娅和儿时伙伴的合影

共叙童年轶事。那些记忆中的点点滴滴，邮政大楼里鲜为人知的那人那事让两位年过古稀的老人再一次找到了年少时的那份真情。多年后，与其说这些泛黄的照片在诉说着童年的记忆，不如说那些珍藏的瞬间写满了邮政几代人的夙愿及对邮政事业独有的情谊。

是的，博物馆是个大家庭，世界邮政也是一个大家庭，而上海邮博则有着独特的历史穿透力，它在演绎着漫长历史的沧桑巨变，同时也架起了沟通世界、增进友谊的桥梁。

一路逛来，是不是意犹未尽啊！别急，可别溜号啊！继续向前走，科普纪录片、珍邮馆中的馆藏邮票、中庭内1917年购置的第一辆邮运汽车等的实体模型，一张张信纸、一只只邮戳背后的秘密正等着你来细细探索呢！

 知识链接

（一）

驿站是古代国家公务交通的重要组成部分，其主要职能是传递紧急军政公文和信息，并为军政公务人员的出行提供食宿和交通工具的服务。

驿站源于秦汉时期军事上的驿骑,承担由专人骑马传递军事命令和其他重要信息的工作,内地的驿骑设在当时主要交通机构"置"下,边境地区则设于"烽"和"燧"等军事机构下。西汉中期以后,出于对外战争和加强中央集权的需要,"置"逐渐成为国家的主要交通机构,遂使安全、高效和快捷的驿骑得到了充分的发展。魏晋南北朝时期,军阀割据混战,国家对驿骑的广泛使用使其独立发展成为驿站,并逐渐成为国家主要的军事交通机构,由此,军事化的驿站管理体制和驿站法律制度也开始形成。在继承前代交通和驿站法律制度的基础上,唐代定型了中国古代驿站法律制度的基本内容,其所确立的驿站军事化管理体制和法制内容一直沿用到清末。清末实行新政,开始设立邮传部负责交通事务,至此,唐代所确立的军事化驿站管理体制才最终被废除。

据《松江府志》记载,上海地区最早的邮驿设立于唐玄宗时代,在今松江区境内设立了华亭驿;南宋时期,在今嘉定区内设立了专门传递官方普通文件的"递铺";1228年,松江府设14处递铺(也称急递铺);明代这种急递铺增加到35处。城隍驿馆为1278年所建,现城隍庙的驿馆街即是其原址。上海邮驿的历史长达数百年,直到辛亥革命后在民国初年才被全部裁撤,由邮局替代。

(二)

邮票是邮资凭证,也是见证历史的文物,某种程度上

也是社会历史的缩影，故常被称为"国家的名片"。现在就为大家介绍几种特别的邮票，这可是博物馆的工作人员向我推荐的，快来围观……

黑便士邮票（PENNY BLACK）

黑便士邮票

英国"黑便士"是世界上最早发行的邮票。因面值以便士计算，用黑色油墨印刷，故通称黑便士。原定于1840年元旦问世，但因未准备就绪，邮票到5月1日出售，5月6日才正式启用。之所以采用维多利亚女王头像为图案，是因其既要代表国家的权威性，又要表现出国家发行的有价票券的严肃性。印刷上采用了当时欧美国家印制钞票时已普遍采用的最先进的雕刻版印刷工艺，并使用了难以伪造的皇冠水印纸。图案顶部中间有"POSTAGE"（邮资）字样，左右两角是交叉十字图形，底部中间是面值"ONE PENNY"（1便士）。横12枚，竖20枚，一全张240枚，面值恰好1英镑。为防止伪造，除每枚邮票都有一个皇冠水印外，邮票的下部左右两角各印一字母顺序排列。如第一枚是A、A；第二枚是A、B；第三枚是A、C……直至A、L，共12枚。竖行左下角的字母依次为A、B、C……直至T，右下角的字母均相同。由每枚邮票下面两角的两个字母可以准确地判断它在整全张邮票中的位置。如一枚邮票左下角的字母是C，右下角的字母是D，那么这枚邮票便是第三行的第四枚。

大龙邮票

1878年,清朝政府在北京、天津、上海、烟台和牛庄(营口)五处设立邮政机构,附属海关,上海海关造册处当年即印制以龙为图案的一套3枚邮票发行,邮票的颜色和面值各不相同。这是中国首次发行的邮票,集邮界习惯称为"海关大龙",简称"大龙邮票"。邮票图案正中绘一条五爪蟠龙,衬以云彩水浪,三种邮票的颜色和面值不同,面值用银两计算:"一分银"(绿色,寄印刷品邮资)、"三分银"(红色,寄普通信函邮资)、"五分银"(桔黄色,寄挂号邮资)。邮票上"大清邮政局"五个字十分醒目,图案中的"大龙"两目圆睁,腾云驾雾,呼之欲出。上方标有"CHINA(中国)",下方标有"CANDARIN(S)(海关关平银分银)"字样。

大龙邮票

 大家论史

> 从一个国家传递到另一个国家的每枚邮票都是小小的友好使者。这个使者使这两个国家更紧密地联系在一起,而在国境内流通的每一枚邮票都在塑造着国人的感情。
>
> ——引自1955年《美国联合国协会公报》

参观贴士

你知道如何查询邮政编码吗?

与朋友们说一说正确的书写信封的方式吧!

与朋友们说一说一封信在送递过程中有哪些环节?

RFID邮件分拣样机

 行走日记

(撰稿:宋 玮)

东方之冠,珍品荟萃
——中华艺术宫

同学们了解2010年上海世博会吗?当年世博会中最重要的场馆——中国国家馆,如今已经成为上海最重要的艺术荟萃之地——中华艺术宫。

中华艺术宫

2012年10月1日正式开馆的中华艺术宫在规模上可以和美国大都会博物馆、法国奥赛博物馆等世界一流博物馆

相媲美，展示面积达到了6.4万平方米。建馆历史虽不长，但它的馆藏却继承自新中国最早建立的美术馆之一、创建于1956年的上海美术馆。馆内珍藏主要反映了中国近现代美术的起源与发展脉络。既有传统文化的传承，又有海派绘画的精品，更有中西艺术融合的典范，代表着中国艺术创作的最高水平。

前世今生

中华艺术宫的前身为2010年上海世博会中国馆。作为世博会的标志性建筑，艺术宫高达70米，是当时世博园区内最雄伟的建筑。大气恢宏的建筑配以鲜艳的红色，不仅蔚为壮观、耀眼夺目，更因其顶部大量采用中国传统建筑形式——"斗拱"而散发着古老东方智慧的气息，表现出了"东方之冠、鼎盛中华、天下粮仓、富庶百姓"的中国文化精神与气质，故此这栋建筑又被昵称为"东方之冠"。可以说中华艺术宫建筑本身就是一件精美的艺术品，也是游人们到达艺术宫后用手中的相机记录下的第一件展品。

正因为中华艺术宫建筑本身富含东方韵味，遂对它的建设者们提出了一道又一道的建筑难题。同学们可以仔细回想自己所见过的传统高大建筑，几乎都如金字塔般底盘稳重。中华艺术宫则反其道而行之。由于传统斗拱结构在建筑顶部的大量运用，使得建筑出现了"头重脚轻"的情况。虽然这为建筑带来了与众不同的外部轮廓，但也给建造者们提出了第一道难题。工人们必须先从最尖最狭窄的部位造起，这是整个结构中最困难最危险的地方。而"东方之冠"倒吊的形状又使施工人员不得不以几乎倒转的方式完成钢铁的组合。正如钢结构工程师郑双所说，随着工程的推进，建筑越来越高，顶部结构越挑越远，工人们的心理压力也越来越大。

如果说建造的困难凭借着"艺高人胆大"尚能得到解决，那么这种"头重脚轻"的结构给同济大学的卢文胜教授带来了更具挑战性的问题——如何才能使这个重量集中在顶部和边沿地区的建筑达到国家抗震标准呢？卢教授的团队对原有建筑设计模型进行了为期5天的各式各样的地震测试，果不其然，令人担心的事发生了：经过地震测试的建筑在"扭力"的冲击下，结构核心区域的混凝土部分出现了裂缝。怎么办？面对困难，卢教授团队经过反复试验测试，终于找到了一个不需对原有设计作重大改变的简单易行的办法——为建筑装上一种新型的钢制构件。采用这种韧性构件，当建筑发生弯曲的时候就不会破坏建筑混凝土芯的最重要部分，从而起到了抗震的效果。

或许同学们以为建设者们的困难已经得到了全部解决，可事实上还有最后一个难题等待着他们。为了符合东方审美情趣，在设计之初就决定使用红色作为建筑的装饰色。可能同学们会想将建筑全部刷成红色这还不简单吗？可恰恰问题就是没那么简单。当你盯着一大片红色区域看的时间稍久之后，眼睛所看到的颜色就会有发绿的感觉。这是人眼对色彩的一种正常反应，视网膜上的视锥细胞只吸收

红色的光线，如果人眼注视红色的物体时间太长，这些细胞就会暂时麻木而停止反应，而周围吸收绿色光线的细胞此时仍然敏感，它们会发出强烈的信号，导致人会莫名其妙地看到绿色。为了解决这个难题，中国美术学院的宋建明教授从故宫建筑的装饰色中得到灵感。通过仔细研究，宋教授发现故宫的红色之所以如此生动、明亮，并且不会产生视觉疲劳，是因为它将不同强度、饱和度、亮度的红色组合在了一起，形成了一种统一的、完美的红色。宋教授将7种不同的红色组合起来，最终解决了建筑的装饰色问题。

 馆藏精品

同学们知道在中华艺术宫内最受游客欢迎的展品是哪件吗？对！就是将传统绘画艺术与现代高科技手段巧妙结合的多媒体版《清明上河图》，这件展品在2010年上海世博会期间就是中国馆内人们竞相争睹、人气最高的展品之一。

对大家来说，《清明上河图》或许是再熟悉不过的一幅画了，它是北宋著名画家张择端唯一的存世之作。据赵广超先生在《笔记〈清明上河图〉》一书中的统计，全图共绘人物700余人，畜类80余头，船只20余艘，车辆轿子20余乘。原图宽25.2厘米，长528.7厘米，绢本设色，采用散点透视构图法，以长卷的形式生动形象地描绘了张择端眼中的北宋都城东京（即今天的河南省开封市）的城市面貌，以及芸芸众生的世俗生活。

多媒体版《清明上河图》

东方之冠，珍品荟萃

033

正因为《清明上河图》如此珍贵,所以其传世过程也命运多舛。自其出世以来多次辗转于帝王将相、文人墨客之间。其中最近一次从故宫中被盗出,恰恰是当年故宫的主人清朝末代皇帝溥仪所为。随着1911年辛亥革命的成功,清帝退位,墙倒众人推,宫内的宦官和宫女偷窃宫内文物的现象也愈演愈烈,甚至出现为了掩盖偷盗罪行而火烧库房的事件。为了将清宫最珍贵的文物控制在自己的手中,从1922年起溥仪就以"恩赐"其弟溥杰的名义,分6批次将自己精心挑选的故宫旧藏运到天津,其中张择端的《清明上河图》赫然在列。1932年溥仪在日本人的操控下前往长春就任伪满洲国的皇帝,《清明上河图》也一同随他来到了东北。抗战胜利后,溥仪为了逃避对他的惩罚而计划从通化到沈阳然后仓皇出逃日本。由于从通化到沈阳只能乘坐小飞机,所以他将自己拥有的故宫旧藏精中选精装进了一个手提木箱之中,而《清明上河图》又在其列。没想到的是他刚出沈阳机场就被苏联军队抓了个正着,而那个装有无价瑰宝的手提箱也一同被截获,后来转给了东北博物馆收藏。1952年对这批文物进行清理时,研究人员遇到了一个尴尬的问题。原来溥仪的手提箱里《清明上河图》居然有三件,到底哪一件才是真的呢?最终在书画鉴定家杨仁恺先生细致研究后,将宋代张择端原作与另外两件明代摹本区分了开来。随后《清明上河图》被国家统一调拨回了故宫博物院。由于《清明上河图》年代久远,其材质又极不易保存,因此一般不轻易示人。最近一次展出还是在

2015年庆祝故宫博物院建成90周年的"《石渠宝笈》特展"上，而下一次展出据故宫方面介绍最起码也要等到2020年，也就是紫禁城诞辰600周年时才会露面（中华艺术宫的镇馆之宝任伯年的《群仙祝寿图》也因为较难保存等原因，目前未对公众展出）。

中华艺术宫多媒体版的《清明上河图》为我们提供了一个仔仔细细、认认真真观察这幅传世名作的绝佳机会。多媒体版《清明上河图》全长达到了128米，高6.5米，将原作放大了将近30倍。在12台电影级大型投影仪的帮助下，结合现代高科技的声光电技术，我们发现《清明上河图》中原先静态的人物、家畜等竟活动了起来。不仅如此，为了更好地反映北宋都城东京伴随商品经济发达而出现夜市的情况，多媒体版《清明上河图》每隔4分钟进行一次昼夜循环，可以说更为完整地反映了东京这个当时世界第一大都市的全貌，也为我们提供了一次梦回古都的绝佳体验。

 知识链接

在历史课的学习过程中，同学们已经能够从《清明上河图》中找出宋代人使用的主要交通运输工具，知道宋人垂足而坐的样子，了解当时人们对旅馆的称呼等历史信息。如果我们能对此图作更近距离、细致入微的考察的话，或许就能找到更有意思而意想不到的信息了。比如我们将视线先移到图中的码头，就会发现在码头边监工正给搬运货物的工人们发放竹签，其实这就是古代一种计件取酬的方式。搬运工们拿到的竹签越多说明他这天背的货物就越多,其所能拿到的酬劳也就越多了。有意思的是当其他工人正卖力苦干的时候,有位仁兄却趴着"两脚一勾"悠哉悠哉。再比如我们仔细观察熙熙攘攘的街道,就会发现有位带着书童的男子正用"便面"(古代扇子的一种)挡着脸往前疾行。同学们是不是可以脑补到此人当时丰富的内心活动呢?可能他在大街上正巧遇到了自己不想打照面的人吧!

凡此种种不胜枚举。这些细节不仅帮助我们更为真切地了解古代社会,拉近了我们同古人之间的距离,同时也成为我们在欣赏《清明上河图》时的一大乐趣。

 大家论史

《清明上河图》是一幅具有重要历史价值的风俗长卷,画家成功地描绘出汴京城内及近郊在清明时节社会上各阶层的生活景象。主要表现的是劳动者和小市民。对人物、建筑物、交通工具、树木、水流之间的相互关系的处理,非常巧妙,整体感很强,具有极大的考史价值。此后历代绘制的都市风俗画,无不受其影响。

——引自《简明不列颠百科全书》

中国人形成的散点透视法，是任何其他民族所没有的，中国人由此"创造了一种感觉到无尽空间的图画，而那个时候，西方还沉睡在荒蛮时代"。

——［德国］奥托·费舍尔（Otto Fischer）:《中国风景画》（Chinesische Landschaftsmalerei）

参观贴士

除了多媒体版《清明上河图》可供欣赏之外，艺术宫内还有其他许多展品值得我们细细品味，在这里特别推荐的是"名家艺术陈列专馆"。目前在该专馆中的展品分别来自贺天健、林风眠、关良、滑田友、谢稚柳、吴冠中和程十发七位近现代中国美术大家。你知道以下两件展品分别是哪位大师的作品吗？你能通过参观简单小结一下两位大师的不同艺术风格以及他们的艺术风格是在怎样的历史背景下形成的吗？

中华艺术宫官方网址：http://www.artmuseumonline.org

行走日记

（撰稿：孙　曜）

对话大师,于无声处听雷
——上海鲁迅纪念馆

大家一定在语文课本里读到过那个秉承先哲才气、一身孤胆傲骨的鲁迅先生。在新旧杂陈的民国初年,他敢于戳穿伪道士的面纱,为黎民苍生呼号于天下。他真实地以血当汁、磨笔当剑,谱写着带有沧桑感的伟大人格。鲁迅先生虽早已离世,但他弥足珍贵的"DNA"却被保留在了上海鲁迅纪念馆。想知道是怎么一回事吗?那你一定要去参观上海鲁迅纪念馆。

上海鲁迅纪念馆

上海鲁迅纪念馆位于虹口区甜爱路200号，坐落于鲁迅公园内。鲁迅先生是20世纪中国伟大的文学家、思想家，1936年病逝于上海。1949年中华人民共和国成立后，各类鲁迅纪念机构纷纷建立，据不完全统计，目前中国有七座城市均建有鲁迅纪念馆，而上海鲁迅纪念馆不仅是其中规模较大的，而且还是1949年后中国第一座人物类博物馆，是展示鲁迅生平、传承鲁迅精神的全国爱国主义教育示范基地，国家一级博物馆。

 前世今生

上海鲁迅纪念馆的修建与鲁迅曾经在上海长达十年的生活和工作密切相关。1927年广州发生了"4·15"大屠杀，当时担任广州中山大学文学系主任的鲁迅，在积极营救学生失败后，愤然辞职，从广州来到上海。在上海居住的十年时间里，鲁迅积极投身于领导中国左翼作家联盟等进步团体；先后撰写了数百篇杂文；积极指导青年人的写作，成为了广大青年人的良师益友；致力于中外文化交流；支持中国共产党的抗日民族统一战线政策等等，可以说鲁迅在上海度过了他人生中辉煌的十年。1936年10月19日，鲁迅先生在其寓所——虹口区山阴路大陆新村9号与世长辞，随后被安葬于虹桥路的万国公墓。新中国建立后，上海市政府为了纪念这位伟大的战士，从1950年开始筹建上海鲁迅纪念馆。馆址一开始设在山阴路大陆新村9号的鲁迅故居和10号的辅助陈列室，并于1951年正式对外开放，周恩来总理为其题写馆名。1956年,在鲁迅逝世20周年前夕,上海市政府又在鲁迅生前常去的公园——虹口公园的东侧建成了新馆,鲁迅纪念馆便由大陆新村搬迁至虹口公园,而鲁迅墓地也从万国公墓迁入虹口公园北侧,与纪念馆遥相呼应。后来,由于到虹口公园缅怀鲁迅先生的人越来越多,1988年虹口公园正式更名为鲁迅公园。1998年,在鲁迅先生诞辰130周年之际,为了进一步提高展示水平,纪念馆再次扩建,并于1999年落成,这就是今天大家所看到的上海鲁迅纪念馆的全貌。据说,此次纪念馆的改建,设计团队遇到了前所未有的困难。为了能够体现出新馆"人之子"的宗旨,在设计之前,设计师们进行了一次艰苦的补课工作,通过大量阅读鲁迅的作品,深刻领悟鲁迅的精神,最后一点点走进了鲁迅伟大的内心世界。设计师们不断论证,不断修改,尽可能将一个鲜活而深刻的鲁迅形象,通过他们独特的设计展现出来。因此,当我们漫步于鲁迅纪念馆时,我们会处处感受到设计师们颇具匠心的创新设计,时时感悟到鲁迅的伟大人格,这里推荐几处设计亮点供大家鉴赏与思考。

亮点之一,馆舍风格。上海鲁迅纪念馆掩映在鲁迅公园的绿树翠竹间,馆舍造型简洁、朴实、雅致,青瓦白墙、马头式山墙,是一座具有浓厚的江南民居风格、中西合璧的二层庭院式建筑。馆内设置了鲁迅笔下"百草园"等多个庭院,"百草园"内的各种植物皆是先生笔下提到过的,乌篷船系由鲁迅家乡绍兴移来。整个馆舍完全是一派江南民居式的设计风格,让你在参观时,产生一种穿越回鲁迅生活时期的亲切感。

亮点之二，序厅的设计。设计师将二楼室内与室外庭院相融合，巧妙设计为序厅。在序厅的中央新增一面单透玻璃，透过玻璃可以看到室外庭院中用植物组成的鲁迅塑像，室内玻璃两侧是鲁迅的代表作《呐喊》和《彷徨》，以此突出鲁迅的疾呼呐喊和执着追求。序厅的设计不仅将内外融合，而且还为参观者营造了很贴切的参观氛围，在国内博物馆属首例。

亮点之三，内涵的展现。为形象体现人之子的深刻含义，设计者以多媒体互动、凹面雕塑、Flash动画、场景与展品的组合等方式，刻画出一个有血有肉的鲁迅。"生命之路"的多媒体艺术短片，让你对鲁迅先生生平业绩和思想轨迹有一个清晰的了解；凹面雕塑，让你在边走边仰视时，会惊讶地发现鲁迅先生的眼睛始终在亲切注视着你；Flash动画，让你看到鲁迅与许寿裳之间意味深长的对话；立人碑，开宗明义地道出了鲁迅先生的思想核心"人立而后凡是举"；铁屋子，将"精神界之战士"展区设置为一个进入式的铁屋，让你能够体验到倾斜的墙面、深层的色调、坚固的铁质带来的压迫感，让你自然深切地体会鲁迅关于铁屋子的内涵。

诸如此类的亮点还有很多，大家在参观时不妨继续发掘，深刻走进鲁迅先生的内心世界。

 馆藏精品

目前上海鲁迅纪念馆现藏文物、文献资料20余万件，其中国家一级文物93件,珍贵文物20000余件,包括鲁迅历史小说集《故事新编》的手稿、残存有鲁迅的眉毛和胡须的遗容石膏面模、《悼丁君》手稿等,并且这些文物的背后都有着一段不为人知的故事。

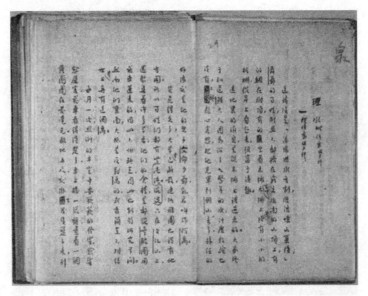

《故事新编》手稿

"灵机一动"保存下来的手稿《故事新编》。《故事新编》收录了鲁迅1922年到1935年所作的八篇小说。鲁迅先生对于自己的手稿一向并不在意,甚至还将手稿用来包油条、擦桌子,而当时的出版社,也没有保存作者手稿的意识。《故事新编》手稿能够得以保存,要归功于黄源。黄源是鲁迅的特约编辑,曾经手过很多鲁迅的手稿,但那些都没有保存下来。后来在《故事新编》交稿时,黄源却特地要求巴金妥为保存原稿,待书印成后,再将原稿装订成册,送还给自己,并请求鲁迅先生将手稿送给他留个纪念。《故事新编》在鲁迅看来,只是一本"内容颇有些油滑"的著作,并不太重视这部小说,而黄源却有心保存这部手稿,今天看来颇耐人寻味。1950年,黄源将其寄放在上海鲁迅纪念馆,供建馆陈列之用。1963年,黄源正式把《故事新编》手稿本捐给上海鲁迅纪念馆,成为了纪念馆珍贵的馆藏精品。

鲁迅的石膏面模

残存有鲁迅的眉毛和胡须的遗容石膏面模。1936年10月19日凌晨,鲁迅先生因严重的肺病逝世,他居住的二楼卧室被设置为灵堂。逝世的当天,鲁迅的日本好友奥田杏花匆匆赶来,他走到鲁迅床前,从随身携带的箱子中取出一个瓶子,从瓶子里挖出黄色粘厚的凡士林涂在鲁迅的面颊上,再用调好的白色石膏糊,用手指和刮刀一层层涂匀,间或薄敷细纱布,直到呈现平整的半圆形状。等待了半个小时左右,奥田托着面具边缘慢慢向上托起,面具上同时粘贴着十几根鲁迅的眉毛和胡子,鲁迅的面模做成了,这不仅是鲁迅身上的遗物,更重要的是保留了鲁迅的DNA。这就是目前陈列在上海鲁迅纪念馆,被定为国家一级文物的鲁迅面模。

悼念女作家丁玲的七言绝句《悼丁君》。丁玲是中国著名的现代女作家，1928年来到上海，积极参加左联活动，鲁迅赏识其富有个性的写作才华和对进步文学的热忱，并给予帮助与指导。1933年，丁玲在上海寓所被国民党特务绑架，后来谣传她已被杀害（事实上并未遇害）。鲁迅听到谣传后，悲痛万分，遂作下此诗。1936年丁玲被党营救回上海，正值鲁迅病重，故没有来得及与鲁迅取得联系。而就在同年，丁玲奔赴延安，在途中突闻鲁迅病逝的噩耗，悲痛交加，却又不能回上海参加告别仪式，这成为丁玲心中永远的遗憾。直到1951年，丁玲陪同外宾参观上海鲁迅纪念馆，当她重睹她所熟悉的鲁迅遗物后，挥笔写下留言："以最沉痛的心情，来到这最严肃的圣地。"丁玲去世后，其丈夫将丁玲资料全部捐赠给上海鲁迅纪念馆，工作人员将其保存于朝华文库中，成为研究丁玲的宝藏。

《悼丁君》

 知识链接

现代版画，在中国又被称为"新兴版画"。它是由鲁迅先生提倡和发展起来的，距今已有90年的历史。由于鲁迅晚年为中国新兴版画运动作出了历史性的贡献，中国版画家们尊称鲁迅是中国新兴版画运动的导师。

鲁迅自幼酷爱美术，早在1903年留日期间，就与同乡

许寿裳、陶成章等联名撰写"致绍兴人民公开信"(即《绍兴同乡公函》)。信中论及日本明治维新以后的美术事业,反映出对美术教育事业的关切。1912年,鲁迅由许寿裳推荐,受南京临时政府教育总长蔡元培之聘,担任教育部社会教育司科长,主管文化、科学、美术工作,包括图书馆、博物馆、美术馆事宜,实际上主持当时政府中关于文化艺术方面社会教育的最高领导机构。他致力推行蔡元培逐渐形成的"以美育代宗教"的思想。鲁迅在教育部工作的14年,为中国现代文化艺术的社会教育事业奠定了基础。

鲁迅最初介绍欧洲版画始于1929年12月与柔石等人合组"朝华社",成立这个社团的目的就是为了"介绍东欧和北欧的文学,输入外国的版画","扶植一点刚健质朴的文艺"。他们先后出版五辑《艺苑朝华》,在第五辑《新俄画选》的小引里,鲁迅提到倡导版画的原因有二:"中国制版之术至今未精,与其变相,不如且缓,一也;当革命时,版画之用最广,岁极匆忙,顷刻能办,二也。"

1931年8月17日,鲁迅在上海的一幢三层小楼里举办了为期6天的"木刻讲习会",将珂勒惠支等欧洲艺术家的木刻介绍到中国,一场新兴木刻运动从此风起云涌。在鲁迅看来,新兴版画不只是一种绘画形式,同时其也以现实主义倾向承载着唤起民众、鼓舞斗志的功能。中国现代版画自诞生之日起,就浸染着鲁迅的现实主义文艺思想和"普罗"革命思想,以艺术性与革命性高度统一的样态成为中国特定历史时期的文艺生力军,同时也成为20世纪中国现实主义美术的先锋力量。

鲁迅的文艺精神是基于深刻辩证、面向并服务普罗大众的，充满独立、真实、战斗内涵的文化与实践品性。他重视文艺的审美作用，强调文艺的战斗精神和教育作用；他鄙视无病呻吟，斥责矫情作态，倡导真实表现和精神贯穿；他强调生活是文艺的源泉，文艺是生活的反映。正是由于鲁迅一以贯之的坚持与鼓呼，中国现代木刻版画才具有那样铮铮的骨气和鲜活的面容，成为中国文艺的一道入骨入髓的印迹。

大家论史

> 鲁迅是真正的中国作家，正因为如此，他才给全世界文学贡献了很多民族形式的、不可模仿的作品。他的语言是民间形式的。他的讽刺和幽默虽然具有人类共同的性格，但也带有不可模仿的民族特点。
> 　　　　　　　　　　　　——［苏联］法捷耶夫

参观贴士

在陈列厅有一面"鲁迅笔下人物墙"，由鲁迅1500幅笔下人物图组成。走近看看，里面是否有你熟悉的人物形象？再站远一些看，又有什么样的惊喜发现呢？

鲁迅笔下人物墙

上海鲁迅纪念馆官方网址：http://www.luxunmuseum.cn

 行走日记

（撰稿：李 敬）

风帆扬起时,与世界对话
——中国航海博物馆

世界的历史源于一场来自大洋深处的遥远变故。它是生命起源的母体,潮起潮落,静守岁月。其广博与深邃曾是孤绝大陆的天堑,却也是连接多元文明的纽带。过去而现在,经略海洋,拥抱深蓝,造就了人类悠久的航海发展史。

中国航海博物馆坐落于上海浦东临港新城的滴水湖畔,是目前中国唯一的国家级航海博物馆,也是中国目前规模

中国航海博物馆

最大、等级最高的综合性航海博物馆。它与德国汉堡国际海事博物馆、荷兰航海博物馆等并称全球十大航海博物馆。

 前世今生

2010年7月,中国航海博物馆作为中国首个经国务院批准设立的国家级航海博物馆全面建成开放。

博物馆的建筑由顶尖建筑大师曼哈德·冯·格康及其事务所设计。这位德国的世界级建筑大师崇尚建筑应像鸡蛋一样极简的建筑风格。由远观之,中国航海博物馆建筑物形式取自一个航海的意象,无论从美学还是工程技术角度看都堪称杰作。矗立于博物馆中央的"风帆"由两个高58米、相互"倚靠"的蜂窝结构壳体组成。两组曲面壳体在40米高度相互接触于一点的同时,每座壳体屋面仅通过两个足点与地面固定,体现了高超的工程结构技术水平。交错对峙的壳体屋面如同一座可行走其上的硬朗雕塑,又仿若一艘停泊在岸边的巨轮扬帆待发。

走入中国航海博物馆,对称式布局似乎诉说着中国式的古老智慧。两座四层侧翼建筑平行地围合立于两侧,分设航海历史、船舶、航海与港口、海员、军事航海等六大展馆。"风帆"屋顶之下充满张力的庞大空间内陈列着粉饰一新的古代帆船——郑和福船。航海历史馆以时间为主线分为古代、近代、现代三个展区;以技术副线为隐线,通过对浮力渡水、独木舟、木板船、帆、桨、橹、舵、指南针等造船和航海技术的介绍,展现中国航海技术的发明与演变过程。船舶馆通过对船舶结构、设备及建造过程的展示，帮助参观者清晰地了解船舶的构造及船用设备功能。航海与港口馆内有大量反映港口与航道的文物与实物，为我们展开了一幅人类从古至今地文航海、天文航海、无线电航海的恢弘图卷。有志于航海探险的同学可以进入海员馆，通过馆内的航海模拟器，体验一把做船长运筹帷幄的感觉。军事迷们更可以在军事航海馆中历数中国海军建设的重大历史事件，了解各类军舰模型。

 馆藏精品

明人的《大明混一图》。在展馆一层东侧的古代航海史展厅陈列着一幅长3.87米、宽4.75米的古代地图——《大明混一图》（复制品）。据考证，这幅极其珍贵的古代宝图绘制于明洪武二十二年，即公元1389年，它是世界上目前已知由中国人绘制的最早、最大的彩绘世界地图，也是迄今为止中国所绘的最早涉及非洲的世界地图。

《大明混一图》的发现源于南非国民议会议长金瓦拉博士。她是一位研究古代非洲地图和世界地图的历史学家，同时也是一位古代地图收藏家，目前已经收集非洲地图130多幅。她平时注意收集世界各地新地图发现信息。1969年华盛顿大学的一位教授在加拿大演讲时，提到一幅中国古代世界地图，清楚准确地描绘了非洲大陆。金瓦拉博士得知这一消息兴奋不已，多年后依然不能忘怀，遂于1988年初派助手专程赴美国找到该教授，调查该图的来龙去脉，

《大明混一图》

这位教授当时只能提供该图藏在日本一家佛寺里的信息。金博士又跟踪追访,最终在日本一所大学的图书馆里找到《大明混一图》。最后弄清,这幅地图是中国人李凯(音译)于1402年绘制的,由一名朝鲜使者受命带回朝鲜。后日本军队侵占了朝鲜将该图掠夺到日本,密藏于佛寺方丈的私人图书馆,方丈又将该图赠送给日本一所大学。应金瓦拉的请求,1999年初,日本有关方面复制一幅《大明混一图》赠给金瓦拉,使她20多年的愿望得以实现。

其实关于该图的故事还没有结束。原来《大明混一图》是一对孪生兄弟,最早的第一幅绘制于1389年。金瓦拉为了寻找到年代更早的中国古代世界地图,请求中国驻南非大使帮助实现这一愿望。

　　1999年11月，时任中国人大常务委员会委员长李鹏访问南非，特意向金瓦拉议长赠送了一份特殊的礼物——一本《中国古代地图集》，卷首几页正是1389年绘制的《大明混一图》。原本《大明混一图》藏于中国第一历史档案馆，彩绘绢本，是一件国宝级的珍贵历史文物。由于年代久远，尺寸过大，已不适合公开展出。为了满足南非国民议会举办《非洲视角》地图展的请求，中国决定为南非复制一幅《大明混一图》，该复制工作由中国第一历史档案馆会同敦煌艺术研究院和浙江大学的专家们共同精心完成。

　　2002年11月1日，满载着中非友谊的《大明混一图》抵达南非议会，11月12日正式向公众展出，南非前总统曼德拉专程前来观看了《大明混一图》。世界各国的史学家、航海家纷纷前来参观。金瓦拉议长在开幕式上说："《大明混一图》向世人表明，这幅由中国人绘制的地图比西方探险家到非洲（在时间上）早了100年，所谓欧洲人最早发现非洲的历史需要改写。"

　　仔细观察地图，我们可以清晰地看到其所绘的地理范围：东至日本、朝鲜，南到爪哇（今天的印度尼西亚），西至非洲的东西海岸，包括一部分的西欧，即西班牙一带，北边到达了贝加尔湖以南。图内主要表示明朝及邻近地区的各级居民地、山地、河流及其相对位置。居民地均以地名加框的方法定位，其框用不同颜色区别内外所属。全图绘制规整，笔法流畅，所列名称几百个，河道湖泊，红海黄沙，一目了然。从这一地图中，我们可以感受到明朝人当时所了解的"世界"概貌。不论是成图水平、制图思想，还是地图的历史价值和地图背后的国家襟怀，无不彰显了古代中国人在走向世界历程中的探索与成就。

虽然，我们今天在中国航海博物馆内看到的《大明混一图》是复制品，但全世界仅有四件，其复制过程会同了敦煌艺术研究院数字化专家，是在外交部、国家档案局、国家文物局等政府部门的协调下完成的精心之作，保持了原图面貌，且与原图大小一致，颜色逼真，仍不啻为国宝级的珍品。

 知识链接

中国古人如何绘制地图？

中国古代地图绘制一般采用两种方式：

一种是西晋地图学家裴秀创导的"计里划方"。他曾以一寸折百里的比例编缩天下大图，相当于使用了现代地形图上的方里网格绘制地图。此法沿用1500多年，有诸如《元和郡县图》等许多著名地图问世，可惜存世无多。虽囿于技术与认识的局限，地图四周往往变形失真，但因其考虑了精细的比例和方位关系，且中心部分较准确，在中国和世界地图绘制史上具有重要意义，《大明混一图》就发展了这一绘图技术。

另一种是采用山水画的形式，这也是存世最多的中国古代地图形式，即在地图绘制中传承中国独有的山水画艺术，尤其那些留存至今的风景名胜地图，优美典雅，形象效果逼真，既能够反映景观的地理信息空间分布，又能给读者带来美的享受。引入宋代开始盛行的青绿山水画法后，这种绘制方式着色浓郁，装饰性强，因为使用矿物颜料，虽经历数百年而色泽鲜艳夺目，几乎不减当年，体现了十分高超的艺术水平。

 大家论史

> 欲伸国力与世界，必以争海权为第一义。此自昔所已然。而今日其尤亟者也。故太平洋海权问题，实为二十世纪第一大问题。
> ——梁启超：《论太平洋海权及中国前途》

 参观贴士

在上海中国航海博物馆的航海历史展馆，有卢作孚先生及民生公司的展品。毛泽东曾评价卢作孚为中国实业界不能忘记的四个人之一。你知道卢作孚先生的一生与中国航运有怎样的一段传奇历史吗？做个有心人，从展品中寻找答案吧。

民生航运

中国航海博物馆官方网站：www.shmmc.com.cn

 行走日记

（撰稿：乔晓岚）

际会金融风云,典藏流金岁月
——上海市银行博物馆

金融,简言之就是资金融通,被称之为第二国防,与国防、粮食并列为国家安全的三大支柱。美国国际问题专家基辛格曾有一句被一些国家的政界人士奉为金科玉律的名言:"如果你控制了石油,你就控制了所有的国家;如果你控制了粮食,你就控制了所有的人;如果你控制了货币,你就控制了整个世界。"

上海曾经是远东的金融中心,银行、钱庄、股票交易所,各种金融机构云集于此。外滩那一栋栋宏伟壮丽、风姿绰约的建筑就是当年繁华的见证。中国本土的金融机构在这繁荣中有怎样的贡献,经历了怎样的变迁?到上海市银行博物馆去吧,在那里你可以一探究竟,找到答案。

 前世今生

上海市银行博物馆,又名金融博物馆,由工商银行上海市分行建立。它是全国创建最早,也是目前国内馆藏最丰富、珍稀文物最多的金融行业博物馆。

鸦片战争以后,上海开埠,西方银行纷纷入驻。20世

上海市银行博物馆

纪初,上海成为公认的远东金融中心。改革开放以来,上海金融业再度蓬勃发展。上海金融业悠久和繁荣的历史留下了丰富的遗存,这对上海及整个中国而言都是一笔宝贵的财富。然而,长期以来相关的文物收集并没有得到应有的重视。随着岁月的流逝,金融文物正逐渐消失,令人扼腕叹息。上海呼唤着一座金融博物馆,来展示其深厚的历史积淀,彰显当前的城市定位。

20世纪90年代末,时任工商银行上海市分行行长的姜建清敏锐地把握了时代的诉求。在与欧美银行界的交往中,姜建清对他们重视历史、关注文化印象深刻,同时有感于上海金融界在文物保护、金融历史传承方面的缺憾,于1998年提出了创建银行博物馆的设想。筹建工作随即展开,最关键的是文物征集。上海工行向员工、同行及社会各界发出呼吁,广泛征集照片、行业实物、档案。

筹建工作虽充满艰辛,但也常能享受到收获的喜悦,"国民牌"记账机的发现正是这种情形的写照。这种记账机由美国国民现金收印公司(现NCR公司)生产,具备打字、记账、计算等多种功能。20世纪二三十年代,它进入中国银行业,直到80年代才被电脑替代,有非常重要的史料价值。博物馆筹建组翻遍了工行在全市的30多个仓库,终于在一个防空洞里找到了一台。为了解它的相关情况,筹建组联系了生产商。NCR公司非常惊讶,这种机器在美国已无实物遗存,只剩文献资料。上海方面的发现提供了实物资料,显得弥足珍贵。NCR公司不但派人前来查看,还从美国总部发来一

"国民牌"记账机

张银行女职员操作记账机的照片。此外，筹建组还在虹口支行老办公楼的阁楼里发现了铜质称银天平，在外滩23号的中国银行大楼里找到了87枚解放前金融机构的印章……经过两年的努力，筹备工作硕果累累，共征集到6000多件文物，其中不乏珍品。

2000年4月9日，上海市银行博物馆开馆。博物馆位于浦东大道9号工商银行大厦七楼，面积1500平方米。开馆后的十余年间，博物馆稳步发展，社会影响日益扩大，但场馆问题始终困扰着这座年轻的博物馆。工商银行大厦是办公场所，与博物馆的活动难免有冲突之处，不利于博物馆各项功能的发挥。工银大厦有自己的功能定位，不能为博物馆提供更大的空间，所以不少文物只能寄放他处。汇丰银行铜狮存放在周浦的仓库里，图书资料寄放在广播器材厂的办公楼内，部分文物借给了东方明珠下的"上海城市历史发展陈列馆"……银行博物馆要有更好的发展就需要另觅新址。

历史的机缘和工行决策者的魄力，解决了这个难题，复兴中路301号成为了银行博物馆的新"家"。这是一栋漂亮的欧式建筑，已有近百年的历史，解放前是上海律师公会所在地。它地理位置优越，毗邻一大会址和新天地，人文积淀深厚。这栋建筑成为博物馆新址，实在是博物馆的幸运。2016年2月5日，银行博物馆在新址重新开放，展览面积扩大到近4000平方米，展出文物增加到5000余件。上海市银行博物馆开始了新的篇章。

馆藏精品

博物馆内精品云集，但镇馆之宝非美国印钞公司的钢雕钞版和纸币样本莫属。近代中国社会动荡，科技落后，优质纸币多由外国公司生产。印刷纸币之前先要雕刻母版，完成后还会留下纸币样本。美国印钞公司跟中国银行长期合作，因此保存了大量的相关资料。

美国印钞公司的钢雕钞版

1990年纸币样本进入拍卖市场，引起了轰动。这套样品共三巨册1113张，其中正面印样529张，背面印样584张。样品正面都仅一张，部分有数张不同颜色的背面，故背面印样数量略多。四年后，纸币样品为一位海外华人竞得，随即进入中国拍卖市场。2003年，在中国嘉德拍卖会上，上海市银行博物馆以316.8万元将其收入囊中，创下了中国

钱币单项拍卖的纪录。

这几本货币样册究竟有何独特之处，竟值如此高价？其一，史料价值高。从1905年到1949年，中国54家银行委托该公司印制的所有纸钞的样本都在其中，每页都标注了印刷的时间，为研究中国纸币发行历史提供了珍贵的、详细的资料。而且全世界只此一套，绝对是传世孤品，从这个意义上讲，这套样品是无价之宝。其二，艺术价值高。样册封面和封底均为牛皮，各页之间也以牛皮带连接。因时间久远，带已断裂，但封面和封底依然完整。册内纸币保存良好，绝大多数处于全新状态，颜色鲜艳，图案精细。纸币图案多为风景或建筑，头像除了常见的袁世凯、孙中山之外，还有李鸿章、廖仲恺等人，雕工极为精湛，形象栩栩如生。能得到这样一套藏品已是博物馆的幸事，但或许是上天特别眷顾，还有更大的幸运即将降临。

2010年，工行得知一位收藏家准备出让美国印钞公司的中国纸币钞版。这是印制中国纸币的母版，件件都是孤品，其文物价值不言而喻。收藏家希望整体出售，当时正值金融危机，无人接盘。工行主动接触，经过多次沟通、谈判，成功将其买下。这套文物共800多件，既有整块钞版，又有局部图案。然而，这套钞版真是母版吗？会不会是后来仿造之物？银行博物馆邀请了曾担任人民币总体设计的刘延年和人民币100元上毛泽东头像的雕刻者徐永才进行鉴定，二人都认为这套钞版肯定是母版，而且保存之完好，足以进行再次印刷。这些钞版做工精细，在放大镜下，其一点一划都独具匠心，显示了雕刻师高超的技艺，堪称艺术珍品。更为难得的是部分钞版与纸币样品是对应的，实现了相互印证。尽管在当时看来为得到这套钞版耗资不菲，但是却为上海，乃至为中国获得了一套国宝级珍品。

知识链接

美国印钞公司印制的中国货币全部使用雕刻钢凹版技术。顾名思义，钞版使用的材质是钢，图案需在板上一笔一画地刻出。钢材可不是泥巴或石头，要雕出精致的图案可不容易！当时的雕刻凹版技术包括两种，一种是铜凹版，另一种是钢凹版。两相比较，钢凹版质地坚实、版纹细密、层次分明、印版耐印，印出的产品线条清晰、墨层厚实，对人头像和风景画的表现力有着尤为独特的效果。因此，钢凹版雕刻难度虽大，依然更受青睐。

要雕刻出优质的钢凹版，雕刻师需具备多种素养，既要掌握雕刻技法，还要有相当的绘画水平。他要能依据一张画稿或照片将图案反刻在钢板上，既要逼真，还要有上佳的效果，没有多年的磨炼、深厚的功底是难以达到的。雕刻师直接在钢板上下刀，稍有不慎就会前功尽弃。头像的雕刻难度尤大，要求线条清晰，层次分明，立体感强。一块好的钢凹版需要

美国印钞公司的纸币钢雕刻版

半年之久方能完工，可见这门技艺对雕刻师技艺和品质要求之高。雕版无法仿制，就连雕刻师自己也难以刻出两块一模一样的凹版，因此用钢凹版技术印刷的货币有良好的防伪性能。时至今日，钢凹版印刷技术依然在继续使用。

这项技术在清朝末年传入中国。当时正值清末新政时期，清政府开设了纸币印刷厂，从美国高薪聘请了著名技师来华工作，并安排学徒随其学习，以此培养出了中国第一代钢凹版雕刻师。但是因美国印钞公司规模大，技术精，大量中国纸币仍由其生产。

大家论史

一国之经济之发达与否，可以银行业之盛衰觇之。银行业弥盛者，其经济之发达亦弥甚。盖银行者操金融之枢纽，供经济界以膨胀力者也。

——周葆鉴：《中华银行史》

参观贴士

下图中的两个物件名称和功能分别是什么？答案就在银行博物馆的三楼展厅，当你找到答案时定会有恍然大悟之感。

　　银行博物馆中还有大概是世界上面额最大的纸币，猜一猜它可能是多大面额？从1948年1月到1949年5月，上海电车月票价格涨了多少倍？同样在银行博物馆三楼，你都能找到这些问题的答案。

上海市银行博物馆官方网站：http://www.icbc.com.cn/ICBC/html/museum/main/main.html

 行走日记

（撰稿：范　江）

精彩世博,永恒瞬间
——上海世博会博物馆

同学们知道在上海世博会期间轰动一时的英国国家馆"种子圣殿"吗?对,就是那个建筑外形由6万根透明亚克力杆组成的场馆。那一根根包含着种子的亚克力杆现在就静静地安放在上海世博会博物馆内。

上海世博会博物馆

2010年上海世博会的成功举办留给了我们丰厚的历史文化遗产。为了更好地继承这笔宝贵财富，上海市人民政府与国际展览局共同合作，建设全面展示世博专题的博物馆——世博会博物馆。该馆也是目前全世界独一无二的世博专题博物馆。

 前世今生

上海世博会博物馆于2013年12月底动工建设，2017年5月1日正式开放运营。其建筑部分由代表着"历史、冥想和永恒"的"历史河谷"和代表着"未来、开放和瞬间"的"欢庆之云"的意向叠合来演绎完成。"历史河谷"是博物馆的主体建筑，"欢庆之云"位于中心庭院中部，通过空中走廊连接了陈列展览、公共服务和屋顶花园等功能区。"历史河谷"由165块折面拼接而成，米色砂岩和铜铝复合板两种材料代表河谷的内外切面，将凝重的历史积淀感渗透到室内空间。"欢庆之云"则由3730块三角形玻璃组成，5种釉面玻璃形成表面的渐变纹样，赋予"欢庆之云"轻盈、透明、变幻的效果，同时为内部提供良好的遮阳和景观视野。

当我们漫步于"历史河谷"与"欢庆之云"中时，可曾想过在当今高大威猛、矗立四方的建筑为主流的时代，设计师们是如何通过奇思妙想带给我们这个特立独行、别具一格的建筑的呢？用上海世博会博物馆的主要设计者徐晓磊先生的话来说，"作为一名优秀而极具创造力的设计者，如果不在文化建筑中带入个人情感，又能在何处（将之）发泄和宣扬？"因此设计的过程就成为了徐晓磊和他的团队抒发心意、迸发创意的窗口。首先，他们对建筑的造型进行了大胆尝试，通过将整体形式与多体量组合形式相结合（整体形式易于形成气派的立面效果，多体量组合形式易于形成趣味空间），从而形成了他们笑称为"一块融化的奶酪"的建筑造型，也就是我们今天看到的"历史河谷"部分。这样的设计既保证了建筑形象的完整性和冲击力，又能很好地和周边城市肌理相契合。例如沿蒙自路一侧凹进去的广场正对着未来将建设的世博文化街区主路，具有鲜明的入口标志性；而沿黄浦江一侧则形体更加小体量化，易于形成丰富的沿江立面景观。当这个奇特的建筑整体造型基本确定后，设计团队成员们的内心并没有因此而感到满足，反而一发不可收拾，他们想为什么不能"引入一个模糊的、不可描述的、同时又给人丰富联想的空间于其中呢？"接着"欢庆之云"应运而生了。在他们的构思中"欢庆之云"既是一个门户又是一个载体，招揽四方，可以将游客垂直送达顶层；同时它又是展示形象的平台，通过分布于全身的LED灯传达欢乐的信息。就这样设计师们将"欢庆之云"与"历史河谷"有机地结合在一起。设计的过程既是思维碰撞的过程，也是令人愉悦的过程。恰如徐晓磊所言："原本以为会是痛苦的头脑风暴，到头来竟成为欢乐的创意聚合，设计团队每一分子都将个人情感融入建筑中，何尝不是一种快乐的设计方式。"

馆藏精品

英国国家馆"种子圣殿"是由被誉为"当代达·芬奇"的英国著名设计师托马斯·赫斯维克（Thomas Heatherwick）设计的。"种子圣殿"之所以能被确定为英国馆的最终方案，可是经历了一番过五关斩六将的"激烈厮杀"后才脱颖而出的。当时收到英国政府邀请参与竞标的除了托马斯·赫斯维克以外，还有如扎哈·哈迪德（Zaha Hadid）这样的大神级建筑设计师。而英国政府所提出的设计要求更是令人难以置信，即在预算只有其他国家场馆一半的情况下要使英国馆进入最终世博会场馆评选的前5名。靠着"不那么正常的思维方式"，赫斯维克竟然击败了扎哈获得胜利。

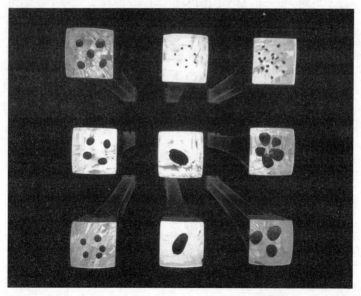

英国国家馆"种子圣殿"

那么这个"不那么正常的思维方式"到底是怎么样的呢？按照正常逻辑，场馆应该是建筑外壳加场馆内容布置的组合。但如果按照"小气"的英国政府所给的预算是根本无法在众多世博场馆中脱颖而出的。怎么办？这时赫斯维克想到了大自然的根源：种子。英国馆如同一件礼物一般从英国来到中国，馆外的铺地广场就像礼物的包装盒被打开后的状态，里面则装着巨大的蒲公英种子——英国馆。毛茸茸的蒲公英由6万根7.5米长的亚克力管制作而成。每一个亚克力触须顶端都自带彩色光源，可以通过不同的排列组合形成不同的图案和颜色。特别是到了夜晚，在微风吹拂之下，整个展馆表面呈现出梦幻般的千姿百态、五彩缤纷。这种奇妙的视错觉为固定的建筑赋予了流动的生命力。当然，重要的是英国国家馆之所以被称为"种子圣殿"，不仅其外形灵感来源于蒲公英种子，更是因为这6万根透明的亚克力杆每一根内部都含有一颗真正的植物种子。这些种子由中国昆明种子植物研究所、英国皇家植物园和基尤千年种子银行共同提供。

"种子圣殿"代表了丰富的生物多样性并力求通过这种多样性为人类提供应变力、创造力和恢复力。我们回首人类文明的发展历程，特别是近百年来的人类发展历史，无不是对大自然的利用与征服。伴随着这些利用和征服，人类文明确实得到了飞跃式发展，但问题也接踵而至，地球上不少物种由于无法承受人类带来的压力不断消逝，而人类自身的生存环境也随之日益严峻。作为大自然的一分子，对于自然的伤害也就是对我们自身的伤害，这点也越来越成为人们的共识。因此"种子圣殿"的出现，说明人类已经意识到我们对自然造成了莫大的伤害，甚至这种伤害还在继续，所以必须要为这个星球上高度复杂的植物生命体保存下活的档案。

虽然，随着2010年上海世博会的结束，"种子圣殿"这个建筑已经完成了它的使命，但那一根根包含着种子的亚克力杆却留在了上海世博会博物馆内。希望同学们都能去亲眼看看这些种子，这些孕育着人类未来希望的种子。

 知识链接

说到世博会起源这个话题就不得不提到英国。众所周知，1851年英国在首都伦敦举办了首届世界博览会（又称万国工业博览会）。其实早在此之前，欧洲各主要资本主义国家都曾经举办过工业博览会，但规模一般仅限于本国。完成了工业革命的英国此时已然登上了世界之巅，这无疑使得英国有着强烈意愿去举办人类历史上第一场世界性的博览盛宴。诚如当时博览会的组织方英国皇家艺术协会主席阿尔伯特亲王所说，"博览会必须是国际性的，展品要有外国产品参加"。

为了筹备这次盛会，1849年6月30日在白金汉宫召开了对世博会历史有着深远影响的重要会议。这次会议就如何举办世博会作出了七项重要决定，而这些决定为今后世博会的举办确定了基本的框架。

会议结束后，为了贯彻世界性博览会这一理念，组织者不仅拜访了英国各地的产品制造商，还积极游说欧洲其他国家，动员他们来参加在英国举办的这次展览活动，最终有10个国家接受了参展邀请。而英国政府也是举国之力来承办世博会。展览用的桌子总长加起来达13公里，建造展览主要场所"水晶宫"也使用了4500吨钢材和10公顷的玻璃。1851年5月1日，世界上第一届世博会在海德公园内的"水晶宫"盛大开幕。在持续23周的展览期间，有630万人进行了参观，共展出14000件展品。这在当时不仅向参观者昭示了日不落帝国的强大与荣耀，也展示了工业革命的巨大威力和人类焕发出的无尽智慧。

大家论史

19世纪是欧美资本主义全面胜利的时代，它以万国博览会这一自我庆祝的仪式拉开序幕。1851年伦敦博览会、1855年巴黎博览会、1876年费城博览会和1889年巴黎博览会无不昭示着这一胜利，向世界隆重地展示其财富增长和科技进步。

——［英国］霍布斯鲍姆：《资本的年代》

参观贴士

馆内收藏有大量上海世博会期间各国的馈赠，请问你知道以下图片所示两件藏品分别来自哪个国家吗?它们背后又有着怎样的故事和历史价值呢?

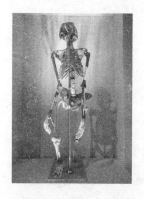

上海世博会博物馆官方网址:http://www.expo-museum.org

行走日记

_____

_____

_____

_____

_____

(撰稿:孙 曜)

穹顶之下的文物宝库
——上海博物馆

上海市中心人民广场的南侧,伫立着一座方形基座与圆形放射型设计相结合的建筑。从远处眺望,整座建筑犹如一尊放大有耳的中国古代青铜器;若从高处俯视,则屋顶平面犹如一面巨大的汉代规矩镜,这座古朴浑厚的建筑就是上海博物馆。它寓意中国传统宇宙观"天圆地方",展示一种天地均衡之美,上下五千年时空循环升华之力,给人以回眸历史、追寻文化的联想,是上海市现代化的跨世纪标志性建筑之一。

上海博物馆是一座大型的综合性艺术博物馆,基本定位是中国古代艺术博物馆。其收藏、展览和研究以中国古代的艺术品为重点,也收藏了很多欧洲玻璃器和陶瓷器,丰富的馆藏使她有"文物界的半壁江山"之誉。历经半个多世纪的发展,上海博物馆通过购买、接受捐赠等方式收藏了文物近102万件,其中珍贵文物14万余件。现有十个艺术陈列专馆、四个文物捐赠专室和三个特别展览厅,着力体现各艺术门类完整发展的历史,体系完整、藏品丰富、质量精湛,其中青铜、陶瓷、绘画、书法陈列囊括许多国之重宝，雕塑、印章、钱币、玉器、家具与少数民族工艺亦各具特色。受限于陈列空间和条件，我们在展厅中看到的文物只是上博藏品的一小部分，但也足以震撼心灵！

上海博物馆

前世今生

收藏如此丰富的上博可不是一蹴而就的，她的成立发展经历了好几个阶段。上海博物馆筹建于1950年，原址在南京西路325号旧跑马总会，本来是军队驻扎地，时任上海市市长的陈毅要求部队限时撤离。经过2年多的筹建，1952年博物馆开始向公众开放，陈列体系的设置按照时间顺序，从史前时代经历秦汉、宋元明清直至近代。受限于场地和展览条件，1959年，上博搬迁到中汇大厦，陈列面积增大了一倍。陈列体系也从原来按照朝代划分转为以历史发展阶段划分，分为：原始社会、奴隶社会、封建社会、近现代。1992年中共上海市委和上海市人民政府决定建造上海博物馆新馆，选址在人民广场中轴线南侧——人民大道201号，与市政府大厦遥遥相对。1996年，新馆建成，建筑总面积39200平方米，占地面积11000万平方米，地下二层，地上五层，高29.5米，总投资5.7亿元。馆名"上海博物馆"系新中国成立后上海第一任市长陈毅所书。

新馆建成后，陈列体系有了根本性的变化，不再按照时间顺序，而是按照文物的门类来划分：青铜、雕塑、陶瓷、绘画、书法、玉器、钱币、家具、印章和少数民族工艺馆。上海博物馆的收藏从无到100多万件，文物来源途径很多，但奠基性收藏来源非常有戏剧性，既非收购也非捐赠，而是来自陈毅带领的第三野战军。在战争时期，第三野战军的士兵挖战壕时时常能够发现文物，同时在军队南下过程中也时常收缴文物。陈毅部下有一位叫李亚农的军官，专门负责掌管军队的文教工作，是一位有文化气质的军人。大军转战南北，炮火纷飞，硝烟弥漫，李亚农用两辆卡车装着这些文物辗转南北，自己始终守着这些"宝贝"，寸步不离。直到上博筹建之时，这两卡车2853件文物被全部拨交给文管会，成为上海博物馆最早一批馆藏。1962年，李亚农病危之时惦记的还是这批文物，他说："我总算对得起陈老总，没有让这两车文物在战争中丢失。"目前上博正在筹建上海博物馆东馆，预计于2020年开放。

馆藏精品

在上海博物馆众多的藏品中，有不少传世珍宝，其中大克鼎更是镇馆之宝，它静静地伫立在青铜馆，向世人讲述前世今生的故事。

大克鼎又名克鼎和膳夫克鼎，高93.1厘米，口径75.6厘米，重201.5千克，为西周孝王时期器物，是青铜器转变时期的典型代表。其纹饰器形端庄稳重，采用大量变形纹饰，

大克鼎

耳旁的龙纹也与西周早期不同。颈部的兽面纹脸部轮廓变为线条，仅留眼睛可辨，后称为"变形兽面纹"。腹部的波曲纹极具节奏感与韵律感，又称环带纹。

大克鼎有290字的铭文，分为两部分：一为膳夫克用美辞颂扬文祖师华父辅协周王室的功绩，赞美他谦逊的品质、宁静的性格；二为膳夫克受到周王的赏赐嘉奖，并对各种赏赐进行了描述。铭文字迹端庄质朴，笔画均匀遒劲，书法艺术堪称一绝！从内容看，克任膳夫，即《周礼》记载的宫廷厨师长，但周王给了他很大的权力，可以对外传达王的指令，对内向王反映民意。除大克鼎外，还有小克鼎七件。克作为膳夫却享有诸侯级别使用的列鼎制度，并且拥有七件，这在尊崇礼的周朝是不同寻常的，膳夫克有着怎样的传奇人生还有待更多史料来揭开迷雾。大克鼎在地底下经历漫长的岁月后，开启了它的今生故事。

大克鼎于1890年出土于陕西扶风县法门寺任村。出土后，被清朝著名的金石学家、文字学家和藏书家潘祖荫收藏。潘祖荫、潘祖年兄弟去世后，19岁的孙媳妇潘达于临危受命担负起保护大克鼎等国宝文物的重任。潘达于原姓丁，嫁到潘家后改姓潘。婚后三个月丈夫去世，19岁的潘达于带着一双过继来的儿女和风烛残年的祖母度日，古宅冷冷清清。

潘家是中华第一藏宝大户，对此，盗贼蠢蠢欲动，土匪流下涎水，军阀两眼放光，古董商天天打探消息。有上门恫吓的，有假装是老亲戚前来探底的，还有出重金来买宝的。潘达于没有多少文化，只粗识一些文字，可是，她深知这些文物的价值，牢记潘祖年临终前的嘱托：这些珍贵文物来之不易，一定要好好保管，传给子孙后代。面对威吓利诱，潘达于说"人在宝在，死也要与宝死在一起！"抗日战争爆发，日军轰炸苏州，城中死伤无数，居民惊慌逃难。潘达于出逃后，无论如何也放心不下"硕果仅存的国之珍绝、世不二出的无价之宝"，她生怕文物被日本飞机毁掉！于是不顾别人的阻拦，冒着生命危险跑回了家，同姐夫潘博山和另一忠厚亲戚，撬开客堂间地砖，挖了几米深大坑，将大克鼎及珍贵文物埋了进去，又将地面平整好再铺上地砖，再细心整理得外表不留挖掘过的痕迹。日本人攻陷苏州后，七次闯进潘家搜刮，威逼恐吓，掳走的财物能拉几卡车。可是潘达于和家人始终没有屈服，保住了大克鼎！

1949年苏州、上海相继解放，经历了几十年的坎坷，潘达于认识到，单凭她一家人的力量，根本无力保护好宝鼎，只有交给人民政府才能妥善保护好它们。在征得了家人的同意后，潘达于致信华东军政委员会文化部，希望国之瑰宝"贮藏得所、克保永久"。1951年，上海市文物管理委员会举行隆重的潘氏捐献盂克两鼎授奖典礼，向潘达于颁发了文化部褒奖状，同时还奖励潘达于2000万元（相当于现在的2000元）。但她把这笔钱全部捐献出来，用于抗美援朝。1952年，上海博物馆开馆之际，历经劫难的大克鼎得以展出，轰动全国。大克鼎两次入土两次出土，其间历经风波，弱女子护宝几十载，传奇故事让人荡气回肠！

 知识链接

　　上海博物馆的中国少数民族工艺馆在国内综合性的艺术博物馆中属于首创。因为内部装修得到嘉道理家族的赞助，所以又被命名为嘉道理少数民族工艺馆。嘉道理是犹太人，他对少数民族的文化事业情有独钟，而当时上博的馆长马承源先生为了筹建此馆，亲自前往大西北，征集了一批很有特色的少数民族文物，最终促成此馆的开馆。相比其他展厅的历史性和艺术性，少数民族工艺馆展厅的展品更着重于强调丰富多彩的少数民族文化。中华民族6000年文明史，是各民族互相融合共同创造的，正是各族人民共同创造的灿烂的文化才使中华民族长盛不衰。少数民族工艺馆展示了中国民族大家庭中41个民族的400余件文物，陈列根据工艺特色、年代要求等设置，分为六个部分：服饰、织染绣工艺、金属工艺、雕刻工艺、藤竹编漆器和面具。

 大家论史

　　任何一个国家、城市或是省份的文明程度都在其公共博物馆的特点以及其维护的投入程度中得到了体现。

——［美］乔治·布朗·古德

参观贴士

在青铜馆,有著名的"西周晋侯稣编钟"14件,但其实这套编钟有16件,你知道还有两件现在哪里吗?

西周晋侯稣编钟

上海博物馆官方网址:http://www.shanghaimuseum.net

行走日记

(撰稿:严红敏)

"屋里厢"的城市记忆
——上海弄堂博物馆

同学们，你们见过这些老物件吗？比如民国时期储蓄罐、静安寺老大房礼盒、弹子盘、缝纫机、电子管收音机、《智取威虎山》连环画、老式脉冲电话机、BP机以及粮票、公交月票……这些带有鲜明时代烙印的物件留住了老上海曾经的芳华，带给人无限回忆，使人仿佛回到旧日时光。为了记住历史，传承海派文化，上海筹建了首家弄堂博物馆，通过展板、照片、实物以及短片等形式展示老物件，让人回味属于上海人的"屋里厢"风月与烟火气，展现历史悠久的海派弄堂文化。

  前世今生

弄堂博物馆位于静安区奉贤路68弄西王小区内，是上海市第一家弄堂博物馆，是建在弄堂里的文博场所。弄堂博物馆位于小区弄堂口，原先是物业公司的仓库，石门二路街道通过置换的方式，将之用作博物馆的展示空间。在外观设计上，博物馆延续了外墙清水红砖、里面拱门的建筑风格，与小区的历史风貌保持一致。博物馆的面积不大，

上海弄堂博物馆

约120平方米，分为人文历史区、藏品展示区、休闲读书区和模型大厅四个区域，共有历史藏品50余件，老照片、报纸等书面史料70余件，以陈列市民生活老物件为主要内容，其中的展品多来自居民捐赠，部分藏品由收藏家协会提供。这种居民家门口的博物馆，接地气，贴人心，是申城博物馆的新样式，也是社区公共文化服务体系的一种服务方式。

西王小区原名西王家厍花园弄，"厍"为村庄的意思，因当时村民以王姓为主，故名。上海开埠后，英国沙逊洋行在此购地建造起英式住宅数十幢，以供侨民居住。1900年前后，当时号称"中国哈同""地皮大王"的大地产商程谨轩购进大量土地，在卡德路两侧建起花园洋房和里弄房。1911年花园里弄式住宅建成，较高程度地仿照当时西方住

宅的设计和样式，具有英式安妮女王建筑风格。因弄堂内广植花木，嘉卉飘香，故称"王家厍花园弄"。如今，西王小区内的12幢花园里弄住宅仍保存完好。住宅呈南北两排布置，每排各六幢，行列式展开，每幢建筑共有三层，砖木混合结构，单幢住宅呈"品"字布局。外墙主立面对称，设连续的清水红砖券式外廊，采用弧形券和半圆形券，券下使用简化的古典式清水砖柱，主楼外立面墙体采用红砖清水墙，辅楼立面为青砖清水墙，采用红砖清水腰线，檐口天沟采用线条外挑，主楼屋顶为平瓦双坡屋面，并设计有老虎窗。历史上，西王小区曾是许多外国洋行高级职员的居所，当年美国知名进步记者史沫特莱在去延安前即居住在西王小区。1937年"八·一三"事变后，华界居民纷纷逃难到租界躲避战火，西王小区内也居住了不少华界难

上海弄堂博物馆拱门

民。曾饰演祥林嫂、蔡文姬的"越剧花旦"戚雅仙，小提琴家谭抒真，歌唱家温可铮，以及国家一级作曲家、指挥家屠巴海等也都曾是西王小区的居民。

历经百年风雨，西王小区被列为上海市优秀历史保护建筑。进入新世纪来，街道通过静安区"美丽家园"建设，对小区房屋进行了修缮，整治违章搭建、美化公共部位环境，修旧如旧，恢复了历史建筑的原貌，同时改善了居民居住环境。如今，走在奉贤路上，隔着刚油漆过的黑色铁栅栏，就会看到西王小区修缮后的一排排建筑，掩映在绿树中，令人赏心悦目。在修缮过程中，街道还挖掘出许多西王小区的史料。石门二路街道办事处的工作人员发现，西王小区除了拥有不可多得的建筑财富，还有着更为重要的名人宝藏与弄堂文化宝藏，于是萌发了建设弄堂博物馆的设想。在得到各方支持后，2016年11月开始筹备，先召开项目座谈会，座谈会以居委会为平台，现代设计院的设计团队共同参与，邀请历史和建筑方面的相关专家指导，也邀请西王小区的部分居民代表参加。之后他们又走访小区居民，听取各方意见，并通过向居民征集老物件、老照片、老故事，打造出具有弄堂历史底蕴的博物馆，将小区内历史建筑的人文故事、时代背景、文化情怀以弄堂博物馆的形式传承下去。经过一年多的筹建，2018年1月4日，弄堂博物馆在绵绵细雨中免费向公众开放，博物馆聘请了上海著名史学家担任运营顾问，并为博物馆志愿讲解员代表和街道优秀建筑巡查志愿者代表颁发聘书，美琪大戏院和市少儿图书馆也为博物馆的落成捐赠了书籍。值得一提的是，上海里弄式住宅的数量曾居全国之首。但20世纪90年代后,上海进行了大规模的重建和开发,大片弄堂随着房屋的拆除消失了,取而代之的是幢幢高楼,人们的生活也随之发生变化。街道牵头开设的弄堂博物馆恰恰是一种从微观上留住城市记忆的有益尝试。弄堂博物馆是静安区首推的项目,也是上海市首个此类项目。

 馆藏精品

走进博物馆,入目所及是一幢按照1:30比例复制的单幢花园洋房建筑,同样呈"品"字布局。两个紧挨着墙壁放置的展柜中,放置着铁皮玩具、打字机、乒乓小塑人、民国时期保险箱储蓄罐、静安寺老大房礼盒、弹子盘、上海自行车牌等颇具时代感的纪念物品。除了上海市收藏协会提供的展品外,其他都是小区居民捐赠的"老宝贝"和

馆内陈列的老照片

有特殊纪念意义的物件。家住奉贤路68弄20号的李崇湘、文中山夫妇1997年搬入西王小区,得知街道正在筹备弄堂博物馆,主动拿出了收藏多年的老证件"上海工人毛泽东思想宣传队队员证"。李崇湘说:"别看这只是一张普普通通的队员证,在那个年代,却是'限量版'。"李老夫妇都是上海音乐学院教师,两人还捐赠了"地段医院诊疗证""上海市公共交通月票""上海市游泳卡"等一系列充满时代印记的票证。已故歌唱家温可铮的爱人、年过八旬的王逑女士捐出了三十多年前的家庭合影。住在附近的老音乐家屠巴海则捐出了1993年上海东亚运动会主题曲《崛起的东亚》的创作手稿。

除了实物展品,墙上还布满了奉贤居民区名人住户和历史建筑的资料,包括蔡元培创办、已有116年校史的爱国中学最早期的照片;已故老居民、"越剧花旦"戚雅仙在1955年、1960年饰演祥林嫂、蔡文姬的经典照片和生平介绍等。这些珍贵的照片和展板与近百件颇具时代感的老上海物件一起,从多个角度介绍了西王小区的前世今生、人文历史和百年品牌,展现了历史悠久的上海海派弄堂文化,唤起了许多参观市民的弄堂生活回忆。大厅一角的书柜里放着《弄堂风流记》《昔日上海风情》等数十本以老上海生活风貌为主题的图书,供参观者阅读。

西王花园弄堂博物馆不只是一个展示的空间,更是一个可供居民活动的空间。政府计划进一步探索优秀建筑保护举措和"城市记忆"新载体建设,为市民阅读建筑背后的故事、了解上海的传统文化、社区单位参与社区共治共

弄堂博物馆藏书

享提供一个温馨的公共空间,进一步提升广大居民和辖区单位对社区的归属感和认同感。博物馆每月都会定期举办具有传统文化特色的文化主题展览和互动活动,让城市记忆、弄堂文化代代相传。

知识链接

弄堂,即小巷,是上海和江浙地区特有的民居形式,它是由连排的老房子(包括石库门)构成的,反映了近代上海城市文化的特征,创造了形形色色风情独具的弄堂文化,可分为广式里弄、新式石库门里弄、新式里弄、花园式里弄等形式。弄堂是休闲娱乐、儿童游戏、居民交流和进行小商品买卖等活动的场所。它将居民的居住空间有序地分隔成公共空间(街道)、半公共空间(总弄)、半私密空间（支弄）和私密空间（住宅内部）这样几个不同的层次，但又将这些不同层次的空间有机地组织在一个有序的系列中。这种空间组织方式，对外由于相对封闭，产生了强烈的地域感、认同感和安全感，使得整个弄堂形成了一个完整的社区。对于许多上海人来说，弄堂不仅是一块栖息生存的独特天地，而且也是一个买卖物品、了解市面的主要场所。许多小商品的买卖活动，都是在弄堂中进行的，它们构成了上海滩上又一种充满市井风情的弄堂习俗形式，营造了一种浓浓的上海弄堂生活情韵。

大家论史

> 从英租界开始造个大路通行载人马车个"马路"开始，上海就辣马路个两边编了号码，建造了一个个弄堂，使用脱"road、lane、house"音近个"路、弄、号"，取代了过去上海脱仔上海之外个城镇通用个"街、巷、宅"个后缀。上海个弄堂是中西融合造起来个，上海弄堂个文化是典型个海派文化。
>
> ——钱乃荣：《啊！上海弄堂》（沪语散文节选）

参观贴士

你现在知道西王弄堂的12幢花园里弄内有许多传奇故

事了吧!探究一下到底有哪些历史名人在那里住过吧!

行走日记

（撰稿：严红敏）

佑护城市文脉，再现海上传奇
——上海市历史博物馆

上海何以得名？"沪"和"申"的别名从何而来？上海真的是从小渔村成长起来的吗？一度被称作"魔都"的近代上海有着怎样的风物繁华？新中国的建立与上海又有怎样的不解之缘？想寻找以上问题的答案，去上海市历史博物馆参观是个值得推荐的选择。

一个城市的博物馆，往往是这个城市最经得起一遍又一遍反复观看的地方。作为沪上第一所综合反映上海地方历史的权威博物馆，上海市历史博物馆的前身是1932年的上海通志馆，一直以馆藏丰富、藏品精致而著称。如明代韩希孟顾绣花卉虫鱼册、侯峒曾行书轴、明徐光启像、1893年英国普拉特兄弟股份有限公司制造的粗纱机、1946年美制鲍尔温机车车头、民国百子大礼轿、清末吴友如画稿、民国时期柳亚子主编《上海通志稿》稿本、1893年英美公共租界及法租界界碑等都是馆藏重要文物。

 前世今生

也许你想不到，就是这么一所浓缩了上海历史发展、有着浓浓上海腔调的老博物馆竟也是一所长期租赁场地做展览的"流浪"博物馆。从虎丘路、虹桥路、东方明珠，几易其址才最终落户南京西路325号。

其实，这幢南京西路325号的老房子本身就是一件巨大的文物。大楼的前身是租界时代的跑马厅大楼，也是当时远东地区最大的跑马厅。建筑主体于1926年设计，1933年竣工，由英商马海洋行设计，余洪记营造厂承建。《上海名建筑志》资料显示，当时整个施工规模浩大，耗资200万两白银，仅当时雇用土木工就近千人。大楼本意为建成高级俱乐部，供跑马总会会员享乐。建筑为钢筋混凝土结构，整个造型由褐色面砖与石块交砌而成，底部为花冈石饰贴。建筑占地8900平方米，建筑面积21000平方米，高4层，外表风格为古典主义构图，折衷主义特色。西北端是高53.3米的大钟楼，钟楼最上部是四面三角形坡形顶，顶

上海市历史博物馆

与大钟之间是瞭望台。钟楼四面镶装有圆形直径3.3米的大钟，钟面上的数字为罗马字母，气势壮观，成为上海市中心的地标性建筑之一。

1949年后，上海市政府先后将其作为上海博物馆、上海图书馆和上海美术馆对外开放。从旧时代的跑马场，到1949年后的公共文化设施，再到现如今的市历史博物馆，栉风沐雨，老建筑见证了历史的演进，留存着城市发展中重要的文化信息，也承载了几代上海人的记忆。

鉴于建筑的特殊性，上海市历史博物馆如何"修旧如旧"，让过去与现代对话，最大程度地还原建筑本体，同时克服老建筑和新功能的矛盾，完善公共服务设施，成为改造和布展的最大难题。设计改造的重任落在了与这幢建筑物有着40余年渊源的上海建筑设计研究院肩上。

令人惊喜的是，这次改建工作不仅做到了维持建筑原貌，甚至与先前历次改建相比更接近原貌。比如大楼内部天花板上的吊顶是后来加上的，这次改建将吊顶全部掀开，恢复跑马总会大楼内部最早的样子；原先加装在东楼外墙的石膏板也已经被拆除，露出了原有的钢门窗；历史博物馆西楼对照最初老图纸拆除北端后来加上的外墙，将原先在此的门廊完全恢复，作为博物馆商店的出入口。二楼是整幢楼的重点保护区域，被称为红厅和白厅的两个展厅完整地保留着原来的内部装潢，从柚木地板到墙壁，包括护壁板、顶角线、顶花、大门花饰等，还有房间内那显眼的壁炉，这些都令人"弹眼落睛"。

馆藏精品

说起上海海关，相信绝大多数人最先想起的就是坐落于外滩中山东一路13号的海关大楼，而安置于上海市历史博物馆二楼古代上海展厅内的这块"江海常关"界碑却诉说着一个更古老的故事。

"江海常关"界碑

《康熙朝题本》记载，康熙二十二年（1683年），清政府平定了"三藩之乱"，并收复了台湾，康熙二十三年宣布"解除海禁"，翌年先后设立粤海关、闽海关、浙海关、江海关。江海关初设于松江府华亭县漴阙（今奉贤、金山两区交界近海处），经历几次搬迁，乾隆年间，随着对外贸易的不断增加和发展，清政府在小东门外东北面向黄浦江地方设立江海大关，专司入口船舶管理、对外征收关税等事。

乾隆二十二年（1757年）起，由于乾隆下江南发现外洋船只在苏州往来络绎不绝，深感惊恐，所以自该年始限定广州粤海关一口通商，而设立于上海、厦门、宁波三处口岸，只准停靠本国进出口船只。自此以后江海关只负责征收本国民船贸易关税。

1853年，原江海关设在县城内的办公场所在小刀会起义时被损毁，之后开始了历经数次的办公地变更。与此同时，上海开埠后，清廷在英租界外滩13号即今外滩海关大楼处设置了分支机构——江海北关（或洋关、新关），从此其成为数代上海人对上海海关的所有记忆。原来的江海关就这样随着时移世易，渐渐淡出人们的视野，江海常关关署变迁、方位和详细地址也成了史学界有争议的一个谜题。

于是出现了这样一个固执的花甲老头，每天中午午休时间骑自行车急匆匆地在市区各个花园兜圈子，低头检视路边草丛中各种石头。博物馆、嘉定孔庙、南翔镇的古迹石碑中，上海港务局史志办公室、上海市南市区地方志办公室的浩瀚书海中，总有他搜寻界石的身影。他就是海关修志专家张耀华。他立志要找出上海最早的海关文物。2007年在外马路348号出土了两块大小相仿，长约1.5米，宽约0.3米，厚近0.2米的界碑，"江海常关"字样均清晰可见，终圆了张老多年的"界石梦"。"新老两关""南北两关""常关、洋关"并存的历史见证物终于回归。从博物馆和文物研究角度看，界石是用作分界标志的石碑或石桩，碑石是竖立起来作为纪念物或标记的石头，界石和碑石具有同等收藏价值，这块"江海常关"界碑真可谓是上海海关的"镇关之宝"。

知识链接

中国目前比较可信的早期海关的雏形产生在西周时期。《周礼》中提到周代有九种税收，第七种便是所谓的"关市之赋"。隋唐时期，一个更接近于现代海关的机构——市舶司应运而生。"市舶使籍其名物，纳舶脚，禁珍异，蕃商有以欺诈入牢狱者。"其中"籍其名物"类似于今天的海关查验，"纳舶脚"相当于征税，"以欺诈入牢狱者"类似于缉私。可见，市舶司的主要职能已经与现代海关很接近了。

明代是中国历史的拐点，中国延续几千年的封建中央集权制度逐步走向僵化。明代虽然仍设立市舶司，但已不再具有过去的职能，转而变成专为朝贡而设置的接待机构，曾经逐步成熟的海关制度名存实亡。清代海关职能大抵与明代市舶司相同，与现代意义的海关愈行愈远。

1854年，英、法、美三国领事强迫清政府两江总督签订《上海海关协定九款》，同意由英、法、美三国领事参加的"税务管理委员会"行使江海关的行政管理权。1861年，海关转由新成立的总理衙门管辖，海关总税务司署亦迁至北京，并订立"通商税则"，现代意义上的中国海关就此诞生。但是，晚清直至民国的约一个世纪里，国家主权缺失，大小洋人掌握着海关权力，中国海关始终受到不平等条约的限制。

1949年新中国诞生，10月25日，新中国海关总署正式成立，开启了海关新篇章。今日的中国已然进入了新的时代，中国海关也再一次站在历史的关键时间点上。

"一带一路"倡议与"人类命运共同体"的提出，赋予了中国海关以全新的历史使命。如何连接世界与中国，如何面对机遇与挑战，成为海关改革与创新的新方向。

 大家论史

不管上海怎样异化，她还是一座中国城市。是中国人填满了前租界的空间，没有他们的认同与合作，任何规划都不可能实现。上海社会接受了西方人带来的形式，把它吸收、消化并转化为中国式的现代特色。这座城市所具有的独特性和吸引力是其他任何殖民地都没有的，亚洲、非洲别的殖民地区完全是另一种模式。

——［法］白吉尔：《上海史——走向现代之路》

参观贴士

下图是民国初年，一家开在广西路汉口路名为"文魁斋"的糖食店的牌匾。你可知道这块画风清奇的"天晓得"招牌背后蕴藏着怎样的一段上海趣事？不妨到近代上海馆去探寻一下吧！

"天晓得"招牌

上海市历史博物馆官方网站：www.historymuseum.sh.cn

行走日记

（撰稿：乔晓岚）

自然·人·和谐
——上海自然博物馆

延安东路260号,一座西式古典风格的建筑里盘旋而上的楼梯、不太明亮的光线、展厅中央的马门溪龙骨架模型,这就是老上海人记忆中的上海自然博物馆!如今,上海自然博物馆旧馆已闭馆,新馆迁入静安雕塑公园。

上海自然博物馆(上海科技馆自然分馆)是中国最大的自然博物馆之一,机构设置包括:动物学部、植物学部、地质古生物学部、人类学部、天文学部、科学教育普及部、资料部、美术设计部、标本制作中心和《自然与人》杂志社。馆内现有标本收藏近27万件,其中"马门溪恐龙"和"黄河古象"被称作"镇馆之宝"。

前世今生

上海自然博物馆最早可以追溯到法国天主教神父韩伯禄于1868年创立的中国最早的博物馆——徐家汇博物院(后更名为震旦博物院),以及1874年由英国人办的英国大英博物馆分馆——亚洲文会上海博物院(后改名为上海博物院)。1955年,在震旦博物院和上海博物院的基础上成立上海自然博物馆,旧馆位于黄浦区延安东路260号。2001年,上海自然博物馆撤销建制,归并入上海科技馆,所以上海自然博物馆又名上海科技馆分馆。现在位于静安雕塑公园的是上海自然博物馆新馆,于2015年4月建成开放。新馆建筑外形像一只巨大的"鹦鹉螺",仿佛是从静安雕塑公园里自然生长出来的。"鹦鹉螺"壳体形式,寓意着博物馆人"管理自然遗产、守护地球家园"的神圣使命。

上海自然博物馆

　　无论是旧馆还是新馆,上海自然博物馆(以下简称自博馆)的建设和完善都凝聚了很多人的精心付出。没有这些付出,自博馆中那么多的标本从哪里来?新自博馆中的500多块图文版又由谁来制作?

　　说到自博馆的标本,其实很多都是自博馆工作人员自己制作的。在自博馆的老馆时期,每年的七八月,自博馆各个门类的人员就陆续出发去采集标本了。采集工作往往持续两三个月。比如，从事两栖爬行类研究的工作人员，为了更好地采集标本，往往驻点人烟稀少的"独家村"。工作人员不论男女都有一手捕捉绝活，而且根据蛇鼠等动物的作息，工作人员一般都是昼伏夜出，打着手电，布口袋扎在腰间，夜里八九点出发一直作业到凌晨三四点。植物部的工作人员也一样辛苦，山里的标本采回驻点后，每天要用人工手压，制成腊页标本。因采集工作需要，往往还要背着一大捆的草纸上山，山上潮气重，还要自己生火把纸烘干。九十月份，收队回馆，工作人员要对新一轮的标本进行编号、查阅资料、修复、整理、分类。在几代工作人员的努力下，自博馆标本增长得很快。到2000年共有标本总量24万，其中动物有8万多，植物有16万。动植物和古生物模式标本共计有100种。如今这些标本大都完好地迁入了静安新馆。

再说说如今新自博馆的图文文稿，内容涵盖了天文、地质、生物、人文等学科，文字要求兼顾准确性、前沿性、可读性。请谁来承担全馆的图文写作呢？由于学科跨度大、文字要求高，图文写作始终找不到合适的人选，先后联系几家高校，都因这个项目难度太大而遭婉拒。最后自博馆图文项目负责人找到了中国著名植物学家、复旦大学研究生院院长钟扬教授。自博馆的每一块图文版，都是钟扬老师精心付出的成果！500块知识图文版，创作过程很长，一天的时间通常只能讨论十几二十块图文的内容。钟老师经常利用工作之余及节假日加班，与博物馆工作人员字斟句酌地讨论每一段内容。

"达尔文中心"是一块展示面积小但内容涉及不仅广深

而且集中反映许多进化理论的展示区域。钟老师非常重视这块区域,专门抽出一整天的时间对这个展区的图文版进行逐字逐句的审核,力求在这个展区内容上体现国际最前沿的进化理论和观点,希望图文版能做到科学发展的高度与速度同步。来自博馆的人大概都会对达尔文中心的那幅"生物一家亲"的科学绘画印象深刻。"生物一家亲"将生物分类五界系统和三域系统综合表达于科学绘画之中,是一幅科学含量较高的图解式绘图。这幅画画了大半年,改了数次仍不得要领。在钟老师的帮助下,这幅画才最终得以完成。钟老师认为"生物一家亲"是自然博物馆进行分子进化可视化展示的一种创新表达方式。在讨论了许久之后,他提出了一个具体切实可行的办法:既可规避一些科学争议又能直观表达现在的科学公论,这幅创作了近一年的科学绘画才最终完成。

正是几代自博馆工作人员以及钟扬教授这样的专家、志愿者的辛勤付出,才有如今呈现在我们面前的自博馆。它向我们展示了以"自然·人·和谐"为主题,以"演化"为主线的三大主题板块和十个常设主题展区,向我们阐述了自然界中纵横交错、相辅相成的种种关系。

馆藏精品

马门溪恐龙是亚洲最大、世界上脖子最长的蜥脚类恐龙,生存于1.4亿年前的侏罗纪晚期,于白垩纪末期灭绝。马门溪恐龙最早发现于中国四川宜宾马鸣溪,由于"鸣"和"门"在宜宾当地人的发音中近似,研究人员将"马鸣溪"误听成了"马门溪"。阴差阳错，本来是"马鸣溪恐龙"却成了"马门溪恐龙"，马门溪恐龙这个名称就这样诞生了。马门溪恐龙是一个大家族，共包括7个种，上海自然博物馆中的马门溪恐龙的骨架模型属于合川马门溪恐龙，是自博馆的"镇馆之宝"。合川马门溪恐龙化石真品现藏于成都理工大学博物馆内。

合川马门溪恐龙化石发现于20世纪50年代的四川合川。当地素有"藏着巨兽"的传说。1957年，四川石油管理局地质组专家进行石油勘探时意外发现化石，这些恐龙化石，经过专家与当地农民的共同努力被完整地挖掘出来，40箱化石被送到了重庆博物馆。重庆博物馆由于缺乏古生物化石研究的专家，这些恐龙化石就只能被存放起来。

1960年，成都地质学院决定修建地质陈列室，通过努力，两年后这40箱恐龙化石被运到了成都。但是，成都地质学院也无人研究古代脊椎动物，他们尝试将化石进行初步整理拼接，但研究进行了数月无实质进展。为了实现这些化石的科研价值，这40箱化石又被送到了北京中国科学院古脊椎动物研究所。

中科院古脊椎动物和古人类研究所所长，人称"中国恐龙研

马门溪恐龙骨架

究第一人"的杨钟健教授对四川出土的恐龙化石十分重视。他亲自挂帅,成立研究小组开展对恐龙化石的研究和修复工作。化石复原后,经研究,杨钟健将马门溪龙定名为"合川马门溪恐龙"。马门溪为属名,合川龙是种名。合川马门溪恐龙很快以亚洲最大的完整恐龙化石震惊了世界。在北京待了几年后,马门溪恐龙化石被送回老家成都地质学院。

1970年左右,上海自然博物馆筹建古动物史展厅,当时各兄弟博物馆之间配合、共享比较常见。上海自然博物馆遂派两位手艺高超的制膜师傅来到成都"克隆"马门溪恐龙,花了近一年时间,复制出了一条惟妙惟肖、一般人难辨真假的马门溪龙。这具马门溪恐龙骨架模型,也是上海自然博物馆建馆以来最早走出国门巡展的主要展品之一。

现在上海自然博物馆展出的马门溪恐龙就是原来旧馆的那副骨架模型,工作人员给马门溪恐龙穿上保护衣分拆装箱移到了新馆,然后这副模型又被整修一新——用轻质玻璃钢取代石膏重新制作骨骼,并用钢架定型,站立姿态也更自然。

 知识链接

自然界的各种生物中,只有我们人类是走出自然的高等生物。人与自然的关系是一个值得关注的问题。上海自然博物馆向我们展示了哪些人与自然的关系呢?

1. 人类对自然界的探索与认识:比如古人对于地球和宇宙的认识变化;地理大发现和人类探险;伟大的科学家达尔文、李四光等作出的贡献;再比如从古至今人类对动植物生长规律的掌握等等。

2. 人类对自然界的索取与破坏：不同时期，人类对自然的索取与破坏方式都是有时代差异性的，但总体呈现不断增长之势。

3. 人类对自然界的情感与态度：人类从自身的利害关系出发而对自然界采取不同的态度。因利害关系不同，不同地区、不同时代和不同群体的人们对于自然界的态度并不一致。比如有崇拜的，也有对立的。顺应自然、征服自然和保护自然这三种态度在不同时代此消彼长。

大家论史

人法地，地法天，天法道，道法自然。

——老子

我们决不要陶醉于我们对于自然界的胜利。对于每一次这样的胜利，自然界都对我们进行了报复。……我们必须时时记住：我们统治自然界，决不像征服者统治异民族一样，决不像站在自然界以外的人一样，相反地，我们连同我们的肉、血和头脑都是属于自然界的，存在于自然界的；我们对自然界的整个统治，在于我们比其他一切动物强，能够认识和正确运用自然规律。

——恩格斯

? 参观贴士

上海自然博物馆的logo由多种馆藏动植物标本组成,你能试着在参观时找到它们吗?

上海自然博物馆的logo

上海自然博物馆官方网站:http://www.snhm.org.cn

行走日记

（撰稿：杨　辉）

参考文献

1 上海博物馆:《琳琅:上海博物馆藏珍品导览》,北京大学出版社,2015年。
2 孙行之:《上海博物馆:逾一甲子的营建》,载《scope艺术客》,2015年第1期。
3 吕向阳:《国宝大盂鼎出土记(之四)》,载中国社会科学网,2016-08-12,http://www.cssn.cn/kgx/kgsb/201608/t20160812_3160296.shtml。
4 管彦波:《明代的舆图世界:"天下体系"与"华夷秩序"的承转渐变》,载《民族研究》,2014年第6期。
5 郑自海、郑宽涛:《奠定中国世界航海地位的三幅明代地图》,载《航海》,2007年第1期。
6 包黎华、陆丽敏:《江海常关石碑发现记》,载《档案春秋》,2009年第7期。
7 上海海关团委:《极简中国海关史》,载《青春沪关》,https://mp.weixin.qq.com/s/7oxtNRGn2xKvsrKfEfYypA。
8 邢蓓琳:《全市首个弄堂博物馆在石门二路街道开馆》,载上海静安门户网站,2018-01-11,http://www.jingan.gov.cn/xwzx/002001/20180111/ad0a3dca-e470-4b58-a24a-18699a3025d7.html。
9 张熠、唐烨:《上海首家弄堂博物馆开馆》,载《解放日报》,2018-1-5。

10 宋宁华:《阿拉上海弄堂博物馆—展"芳华"》,载《新民晚报》,2018-1-4。

11 许婧、康玉湛:《上海首个弄堂博物馆"怀旧风"留存"老上海"记忆》,载中国新闻网,http://www.chinanews.com/cul/2018/01-06/8417788.shtml。

12 邢同和、周红:《再铸历史文化的丰碑——记上海鲁迅纪念馆建筑设计》,载《建筑学报》,2001年第8期。

13 栾东达:《与鲁迅对话——上海鲁迅纪念馆改陈设计》,载《2013'中国人物类博物馆、纪念馆陈列艺术学术研讨会论文集》,上海社会科学院出版社,2013年。

14 吴长华:《丁玲与上海鲁迅纪念馆》,载《上海鲁迅研究》,2010年第2期。

15 陈瑜、施晨露:《这些珍贵手稿是如何留存下来的》,载《解放日报》,2017-10-27。

16 徐晓磊:《一年的等待与收获——记录世博会博物馆项目方案创作历程》,载《建筑技艺》,2013年第4期。

17 张小哈:《他只做不正常的设计,却被称为当代达·芬奇》,载豆瓣网,https://www.douban.com/note/645555772/。

18 许斌:《极具文史档案价值的"镇馆之宝"——美国印钞公司钢雕刻版和纸币样本》,载《银行博物》,2012年第1期。

19 崔波:《上海邮政博物馆:做绿色使者》,载《中国文物报》,2007-3-30。

20 叶榛:《上海邮政博物馆元旦开馆》,载《中国集邮报》,2006-1-16。

21 况腊生:《论中国古代驿站的起源及其法律制度的形成》,载《法律文化研究》,2010年,第129—139页。

22 袁菁:《老上海自然博物馆:展示生之快慰和死之平静》,载《城市中国》,第59期。

23 虎门镇人民政府:《虎门文史·第3辑》,广东人民出版社,

2015年。
24 中共东莞市委宣传部:《影响中国的东莞人》,广东经济出版社,2014年。
25 秦红:《乾隆针灸铜人始末》,载《中医药文化》,2012年第6期。
26 丁济民:《铜人始末》,载《中华医学杂志》(上海),1945年第31期(5,6)。
27 徐云根、沈强:《中共一大会址纪念馆故事》,载《中图进出口》,2014年。
28 《建筑奇观:上海世博园》,Discovery探索频道2010年5月8日首播。
29 周涵:《〈清明上河图〉传世之谜》,载《档案天地》,2010年第5期。

图书在版编目(CIP)数据

进馆有益:跟我去看博物馆/孟钟捷等编著.—上海:复旦大学出版社,2018.9(2022.3 重印)
(国家大事丛书)
ISBN 978-7-309-13776-7

Ⅰ.①进… Ⅱ.①孟… Ⅲ.①博物馆-青少年教育-上海 Ⅳ.①G269.275.1

中国版本图书馆 CIP 数据核字(2018)第 158095 号

进馆有益:跟我去看博物馆
孟钟捷 林 唯 等编著
责任编辑/邬红伟

复旦大学出版社有限公司出版发行
上海市国权路 579 号 邮编:200433
网址:fupnet@fudanpress.com http://www.fudanpress.com
门市零售:86-21-65102580 团体订购:86-21-65104505
出版部电话:86-21-65642845
上海新艺印刷有限公司

开本 850×1168 1/32 印张 3.875 字数 88 千
2022 年 3 月第 1 版第 2 次印刷

ISBN 978-7-309-13776-7/G·1864
定价:20.00 元

如有印装质量问题,请向复旦大学出版社有限公司出版部调换。
版权所有 侵权必究